C.H.BECK  WISSEN

in der Beck'schen Reihe

W0177619

Die schottische Familie der Stuarts ging aus dem normannischen Adelsgeschlecht der Fitzalans hervor. Walter Fitzalan bekleidete als erster seines Clans im 12. Jahrhundert das einflußreiche Amt eines königlichen Truchsessen – eines *Steward*, woraus sich der spätere Name des Hauses ableitet. Mit Robert II. bestieg im 14. Jahrhundert erstmals ein Stuart den schottischen Königsthron. Ihm sollten bis ins frühe 17. Jahrhundert noch acht weitere schottische Monarchen aus seiner Familie folgen, ehe die Stuarts ein schottisch-englisches Doppelkönigtum installierten und bis zum Beginn des 18. Jahrhunderts fortführen konnten. Doch war ihre Herrschaft seit dem 17. Jahrhundert von konfessionellen Gegensätzen und schweren politischen Krisen geprägt – Königin Maria Stuart und König Karl I. starben eines gewaltsamen Todes. Letztlich konnten sich die Stuarts nicht länger gegen den Widerstand des Parlaments und der englischen Aristokratie behaupten; spätere Restaurationsversuche scheiterten.

Ronald G. Asch lehrt als Professor für Neuere Geschichte an der Albert-Ludwigs-Universität Freiburg; englische Geschichte des 16. und 17. Jahrhunderts sowie die Geschichte des europäischen Adels bilden Schwerpunkte seiner Forschung. In dem vorliegenden Band erzählt er spannend, faktenreich und kompetent die Geschichte des Hauses Stuart – einer der großen Herrscherdynastien Europas.

Ronald G. Asch

DIE STUARTS

Geschichte einer Dynastie

Verlag C.H.Beck

Mit drei Abbildungen (© National Portrait Gallery, London)
und zwei Stammbäumen

Originalausgabe
© Verlag C.H.Beck oHG, München 2011
Satz: Fotosatz Amann, Aichstetten
Druck und Bindung: Druckerei C.H.Beck, Nördlingen
Umschlagabbildung: Maria Stuart, Schottische Schule, 16. Jahrhundert.
Mary Queen of Scots House, Jedburgh/Schottland.
© Photo: Neil Holmes/The Bridgeman Art Library
Umschlagentwurf: Uwe Göbel, München
Printed in Germany
ISBN 978 3 406 61189 5

www.beck.de

Inhalt

Einleitung

Ist die Geschichte einer Familie mehr als eine Summe von Einzelschicksalen, von Menschen, die zufällig miteinander verwandt sind? Blickt man auf bürgerliche Familien des 20. und des 21. Jahrhunderts, könnte man versucht sein, diese Frage zu verneinen, doch für Adelshäuser und Königsdynastien des Mittelalters und der Frühen Neuzeit gilt das nicht in gleicher Weise. Der einzelne Träger eines Namens wuchs stets im Bewußtsein auf, Glied einer Traditionskette zu sein. Männer und Frauen sahen sich dazu berufen, den Namen weiter zu tragen, aber auch den Ruhm ihres Hauses zu mehren. Zugleich bildete sich im Laufe der Jahrhunderte in der Regel eine spezifische, durch Erinnerung konstituierte Identität der Familie; die Dynastie sammelte im Laufe ihrer Geschichte ein Identitätskapital an. Die Taten besonders prominenter Vorfahren – oder das, was die Erinnerung von diesen Taten festhielt, und die Bedeutung, die sie ihnen zuschrieb –, aber auch die Verbindung, die eine solche Familie im Laufe der Zeit mit bestimmten politischen oder religiösen Bewegungen oder dem Kampf für eine politische Sache einging, legten sie schrittweise auf ein bestimmtes Selbstbild und eine spezifische Selbstdarstellung fest, der spätere Familienmitglieder, auch wenn sie bisweilen gegen diese Tradition rebellieren mochten, kaum noch entkommen konnten. Für die Habsburger etwa wurde ihre «pietas», ihre katholische und deutlich gegenreformatorisch geprägte Frömmigkeit, zu einem bestimmenden Zug ihres Selbstverständnisses.

Die Geschichte der Stuarts läßt sich weniger leicht auf einen Nenner bringen. Auffällig ist aber, wie viele Herrscher dieses Hauses politisch scheiterten oder eines gewaltsamen Todes starben. In den drei Jahrhunderten zwischen 1400 und 1700 wurden zwei Monarchen von ihren eigenen Untertanen abgesetzt und vertrieben (Maria Stuart und Jakob II. von England), zwei

wurden hingerichtet (Karl I. und Maria Stuart), zwei weitere
wurden ermordet (Jakob I. von Schottland 1437 und Jakob III.
1488) und zwei Stuart-Könige von Schottland starben auf dem
Schlachtfeld oder in militärischen Auseinandersetzungen (Jakob II. 1460 und Jakob IV. 1513). Was die Stuarts zumindest
in Schottland ausgezeichnet hatte, war die Neigung, ihre eigenen Herrschaftsansprüche mit großer Rücksichtslosigkeit gegen
opponierende Adlige durchzusetzen. Sie gingen dabei oft ein
großes, auch persönliches Risiko ein und nahmen die Gefahr,
vollständig zu scheitern, bewußt in Kauf. Gleichwohl war der
Anspruch ihrer Dynastie auf die schottische Krone, auch von
ihren Gegnern, nie ernsthaft in Frage gestellt worden. Schottische Adlige mochten sich gegen einzelne Herrscher auflehnen,
aber die Monarchie als Institution und die Erbfolge der legitimen Dynastie waren sakrosankt, auch deshalb, weil Krone und
Herrscherhaus ein Symbol der nach 1300 mühsam erkämpften
schottischen Unabhängigkeit gegenüber England waren. Von
dieser Loyalität gegenüber dem angestammten Herrscherhaus
und der Verbindung von Nationalbewußtsein und Dynastie
sollten die Stuarts in Schottland auch nach 1688 im Exil profitieren.

Im späten Mittelalter mußten schottische König risikobereit
sein, um sich überhaupt durchzusetzen, denn von Haus aus waren sie nicht sehr viel mehr als die gekrönten Oberhäupter eines
Familienverbandes unter vielen anderen, aber sie konnten sich
diese Risikobereitschaft auch leisten, weil die Herrschaftsansprüche der Dynastie selber in der Regel nicht zur Debatte standen, anders als in England, wo die Thronfolge im späten Mittelalter mehr als einmal durch Waffengewalt und anschließende
Parlamentsbeschlüsse geändert worden war. Daß die wenig um-
sichtige Politik, die Karl I. und Jakob II. im 17. Jahrhundert betrieben, auch bedingt war durch eine Auffassung von Königsherrschaft, die in Schottland sehr viel eher verwurzelt war als in
England, ist daher durchaus eine mögliche Interpretation ihres
politischen Scheiterns.

Dazu kam aber noch ein zweiter Punkt. Maria Stuart war
1567 von ihren eigenen schottischen Untertanen gestürzt und

vertrieben worden. Zu den Führern der Opposition gegen ihre Herrschaft hatten nicht wenige militante Calvinisten, darunter auch der schottische Reformator John Knox gehört, und als sie 20 Jahre später in England hingerichtet wurde, waren es wiederum militante Protestanten, die am lautesten ihren Tod gefordert hatten. Sie selber mochte nicht durchweg als überzeugte Katholikin gelebt haben, aber sie sorgte dafür, daß sie in den Augen der Welt als katholische Märtyrerin starb. Ein solches politisches und konfessionelles Erbe war nicht einfach in die Geschichte der eigentlich seit Jakob VI. (I.) protestantischen Dynastie zu integrieren. Es entfaltete im Laufe des 17. Jahrhunderts aber eine erhebliche Eigendynamik, namentlich nach dem Tode Karls I., der 1649 ebenfalls von offenbar fanatischen Protestanten umgebracht worden war. Als der Herzog von York, der spätere Jakob II., um 1669 zum Katholizismus übertrat, hat diese Konversion die Position seiner Familie in England massiv geschwächt. Blickt man jedoch lediglich auf die Geschichte der Stuarts als Dynastie, dann war die konfessionelle Kurskorrektur konsequent, denn das Zusammentreffen der Stuarts mit den härteren Varianten des reformierten Protestantismus war seit 1560 selten günstig verlaufen. Ob die konfessionell eher unklare Haltung der anglikanischen Staatskirche – mochte sie auch nach 1660 Karl I. als Märtyrer und sogar Heiligen verehren – ein ausreichendes Bollwerk gegen den radikalprotestantischen «Fanatismus» (oder das, was die Stuarts dafür hielten) bildete, daran waren ebenfalls Zweifel erlaubt. Zugleich kehrten die Stuarts aber in der zweiten Hälfte des 17. Jahrhunderts zu jener profranzösischen Haltung zurück, die auch der Tradition ihrer Familie entsprach. Bis in die 1560er Jahre hinein waren die Valois, die damalige französische Königsdynastie, die wichtigsten Verbündeten der Stuarts gewesen, und Frankreich war auch kulturell ein Vorbild für das ferne nordische Königreich. Schon durch die Eheschließung Karls I. mit der Bourbonin Henrietta Maria (1625) waren diese Verbindungen wiederbelebt worden, die in den Jahren des Exils der Dynastie nach 1650 erneut verstärkt wurden. Daß Karl II. und Jakob II. sich nach 1660 an Frankreich anlehnten, entsprach somit einer alten Tradition der Stuarts. Allerdings war diese Form der «Frankophilie» zu einer Zeit, da man in England begann, die eigene nationale Identität mehr denn je über den Gegensatz zu Frankreich zu definieren, kaum dazu geeignet, die Stuarts in England populär zu machen. In den Kämpfen des 17. Jahrhunderts erwies es sich als das Unglück der Stuarts, daß ihre dynastischen Traditionen sich schwer mit der politischen und konfessionellen Kultur des Landes, das sie seit 1603 regierten, zur Deckung bringen ließen. England war durch den Protestantismus geprägt, aber auch durch das Erbe eines sehr englischen Herrscherhauses, der Tudors, das sich zwischen 1485 und 1603 nie wirklich und dauerhaft in die Welt der großen europäischen Dynastien integriert hatte, denn die Ehe Heinrichs VIII. mit Katharina von Aragon war in den 1530er Jahren aufgelöst worden und die kurzlebige Verbindung Marias der Katholischen mit dem spanischen König Philipp II. in den 1550er Jahren hatte sich als Fehlschlag in jeder Hinsicht erwiesen. Um so mehr war nach 1603 die Herrschaft einer fremden Dynastie wie der Stuarts, die europäisch geprägt war und europäisch dachte, in England ein Experiment. Es sollte am Ende scheitern, und an die Stelle der Stuarts traten 1714 die sehr viel provinzielleren, ja vergleichsweise biederen, aber auch zuverlässig protestantischen Hannoveraner, unter deren Herrschaft England zu einer Weltmacht aufsteigen sollte, die auch kulturell ein wichtiges Gegengewicht zur französischen Hegemonie auf dem Kontinent bilden sollte. Der Untergang der Stuarts hat somit den Kurs der englischen und britischen Geschichte bis heute bestimmt. Ob man im Scheitern der so durch und durch kosmopolitischen schottischen Dynastie heute, im Zeitalter der europäischen Einigung, vor allem einen Triumph der Freiheit sehen sollte, wie es eine ältere, in jüngster Zeit aber wiederbelebte fortschrittsgläubige Geschichtsschreibung in England und Amerika oft getan hat, sei freilich dahingestellt. In jedem Fall gilt, daß auch die wirklichen oder scheinbaren Verlierer durch ihr Handeln den Lauf der Geschichte mitgestalten.

I. Die Stewarts in Schottland

Von den Anfängen bis Flodden Field (1513)

Im Jahre 1136 finden wir in den Diensten des schottischen Königs David einen normannischen Adligen namens Walter Fitzalan (also Walter Sohn des Alan). Fitzalans Familie stammte nicht unmittelbar aus der Normandie, sondern aus der benachbarten Bretagne. Ihr Stammsitz lag in dem Ort Dol in der Nähe von St. Malo. Dol war seit dem 6. Jahrhundert ein eigener Bischofssitz und beanspruchte seit dem 9. Jahrhundert (bis ca. 1200) auch den Rang eines Erzbistums. Die Vorfahren Walter Fitzalans hatten in Dol schon im 11. Jahrhundert das Amt eines erzbischöflichen Truchsessen (lateinisch: Dapifer oder Senescalcus) bekleidet, eigentlich ein Hofamt, das aber hier vor allem einen hohen Rang innerhalb der weltlichen Verwaltung des Erzbistums bezeichnete, eine Position, die vermutlich mit der Vogtei über das Hochstift verbunden war. Mit hoher Wahrscheinlichkeit gehörten die Truchsessen von Dol ursprünglich zu jenen Wikingern, die sich im 10. Jahrhundert in der Normandie und der Bretagne niedergelassen hatten. Wie andere Familien aus dieser Region siedelte sich ein Zweig dieser Familie nach der normannischen Eroberung Englands (1066) in diesem Königreich an. Hier rekrutierte David I. von Schottland (reg. 1124–1153), der selber lange Jahre seines Lebens im englischen Exil zugebracht hatte, Walter Fitzalan für seine eigenen Dienste, so wie andere normannische Adlige, die ihm dabei halfen, die Regierungsstrukturen seines Königreiches zu reformieren und zumindest teilweise an normannischen Verwaltungspraktiken (damals die modernsten in Europa) zu orientieren. Wenige Jahre später erhielt Walter in Schottland das Amt eines königlichen Truchsessen, also in größerem Maßstab das gleiche Amt, das seine Familie in Dol bekleidete. Auf englisch respektive Scots war die Bezeichnung für diese Position Steward und die Nachkommen sollten sich fortan nach diesem in der Hierarchie der höchsten Würdenträger des Reiches besonders bedeutenden Amt, das bald in der Familie erblich wurde, Stewart (also in einer etwas anderen Schreibweise) nennen. Erst im 16. Jahrhundert tritt neben die ältere die jüngere Namensform Stuart, die bis dahin in Frankreich von einer jüngeren Linie der Dynastie verwendet worden war, nun aber vor allem in England vorgezogen wurde.

Die Stewarts gehörten in Schottland bald zu den mächtigsten und am weitesten verzweigten Magnatengeschlechtern. Ihr eigentlicher Aufstieg begann aber erst Ende des 13. Jahrhunderts. 1290 war die schottische Königsdynastie der Dunkelds ausgestorben, ohne daß es erbrechtlich einen klar erkennbaren legitimen Thronprätendenten gab. Der damalige Senior des Hauses Stewart, James (gest. 1309), stellte sich auf die Seite eines der vielen Adligen, die den Thron beanspruchten, Robert de Brus (schottisch «the Bruce» oder einfach «Bruce»), dessen Familie so wie seine eigene ursprünglich aus der Bretagne stammte. Robert Bruce wurde bald zum Führer eines schottischen Abwehrkampfes gegen England, dessen König Eduard I. die Thronwirren im Norden auszunutzen suchte, um ganz Schottland von England abhängig zu machen oder sogar vollständig zu unterwerfen. James Stewart und sein Sohn Walter waren für Robert, der 1306 zum schottischen König gekrönt wurde, auch deshalb wichtig, weil die Bruce starke Interessen in Irland hatten, wo auch James Herrschaftsrechte besaß, die er durch die Heirat mit einer anglo-normannischen Adligen aus Irland, Egidia de Burgh, konsolidiert hatte. Die Stewarts waren daher auch hier bedeutende Verbündete der neuen Königsfamilie.

Die Familienallianz zwischen den Stewarts und Robert Bruce wurde 1315 besiegelt durch eine Heirat zwischen Walter Stewart, dem Sohn von James Stewart, und der Tochter Marjorie des neuen Königs. Aus dieser Ehe ging 1316 ein Sohn namens Robert hervor. Es war noch nicht absehbar, daß Robert eines Tages selber König werden würde, denn der neuen Dynastie gelang es, ihre Position in ständigen Auseinandersetzungen mit England, aber auch mit inneren Gegnern zumindest zeitweilig zu konsolidieren. Erst gegen Ende des 14. Jahrhunderts war überdies endgültig klar, daß es den englischen Königen nicht gelingen würde, Schottland oder zumindest große Teile der Lowlands zu unterwerfen. Der gleichzeitig stattfindende Krieg um die französische Königskrone absorbierte letzten Endes zu viele Kräfte. Aber noch Eduard III. (1327–77) hatte immer wieder Heere gegen Schottland geschickt und zeitweilig den schottischen König David II. in England gefangengesetzt. Als David im Februar 1371 kinderlos starb, befand sich das Land am Rande des Chaos. Robert Stewart, der als Enkel von Robert Bruce das Erbe antrat, hatte das Königreich während der englischen Gefangenschaft des Königs viele Jahre als Reichsverweser regiert. 1316 geboren, war er schon ein ziemlich alter Mann, als er die Herrschaft übernahm, und es gelang ihm nicht wirklich, das Königreich dauerhaft zu befrieden. Er war allerdings entschlossen, die Macht seiner Familie zu festigen, indem er umfangreichen Lehensbesitz, Jurisdiktionsrechte und Adelstitel an Mitglieder seines Familienverbandes vergab. In gewisser Weise handelte er immer noch wie ein hoher Adliger, nicht wie ein König. Die Stewarts konnten sich zwar dauerhaft im Besitz der Krone behaupten, aber die einzelnen Zweige der Familie befanden sich nach 1390, als Robert starb, oft im Konflikt miteinander und Könige, die nicht besonders rücksichtslos und tatkräftig waren, blieben in diesen Streitigkeiten oft nicht mehr als bloße Schachfiguren. Es war eine Konfliktform, die sich eigentlich bis zum Ende des 16. Jahrhunderts stets wiederholen sollte. Die wirkliche Macht wurde oft von Vormündern, Reichsverwesern (Lieutenants of the Realm) und Regenten ausgeübt, während der König beiseite geschoben wurde. Immerhin wurde Schottland zwischen 1400 und 1585 (als Jakob VI. selbständig die Regierung übernahm) fast so lange von Regenten regiert wie von erwachsenen Königen und Königinnen.

Es war Jakob I., der als erster Stewart nach dem schwachen Regiment Roberts III. (1390–1406) die Autorität der Krone wieder festigen sollte. Offiziell hatte er 1406 die Herrschaft angetreten, aber lange Jahre der Gefangenschaft in England verbracht. Immerhin verdankte er diesen Jahren eine relativ gute Erziehung, und vermutlich war er der erste schottische König, der lesen und schreiben konnte. Allerdings konnte er erst 1424 nach der Rückkehr aus England die Herrschaft übernehmen. Mit großer Rücksichtslosigkeit und nicht ohne List schaltete er seine aristokratischen Rivalen aus, unter ihnen viele seiner eigenen Verwandten. Die männlichen Mitglieder der Familie der Herzöge von Albany, einer jüngeren Linie der Stewarts, wurden fast alle hingerichtet, und ähnlich radikal verfuhr er mit vielen Highland Chiefs und dem mächtigen Lord of the Isles Alexander MacDonald (dem Herrscher über die Hebriden und Teilen der westlichen Highlands), der zwar als Gefangener des Königs überlebte, aber eine Einschränkung seiner Macht hinnehmen mußte. So hatte der König viele Feinde. Am Ende wurde er 1437 von einem Verwandten, der zugleich einer seiner Kammerherren war, Sir Robert Stewart, in Perth ermordet. Sein Versuch, durch einen Abflußkanal aus dem Kloster, in dem er übernachtete, zu entkommen, scheiterte. Er war nicht der letzte Stewart, der eines gewaltsamen Todes sterben sollte, aber auch nicht der letzte, der gegnerische Adelige mit großer Brutalität ausschaltete.

Die Haltung der meisten Stuart-Könige gegenüber ihrem Adel vor der Mitte des 16. Jahrhunderts läßt sich auf den Satz bringen: «Goodwill towards cooperative leading nobles, intense personal ferocity towards noble dissidence, and genial indifference to most of what the nobles got up to in their own localities.» (Goodare/Lynch, The Reign of James VI, S. 11) Dabei finden wir im Abstand von einigen Jahrzehnten immer wieder ähnliche politische Konstellationen. Ein energischer Herrscher stärkt die Macht der Krone, stirbt aber relativ jung, meist auf dem Schlachtfeld oder durch die Hand eines Mörders, und während der Minderjährigkeit seines Sohnes üben ein Regent oder ein Regentschaftsrat für den Adel die Herrschaft aus, mit den entsprechenden negativen Folgen für die Autorität des Königtums. Mußten die Stewart-Monarchen von seiten der regionalen Machthaber auch immer wieder mit Widerstand rechnen, so hatten doch wenige dieser mächtigen Adligen wirklich den

Mut, einem gekrönten König im offenen Kampf auf dem Schlachtfeld entgegenzutreten, es sei denn, der Thronerbe (oder vielleicht der Bruder des Königs) – und sei er auch minderjährig – stand selber auf ihrer Seite. Das aber hieß, dort, wo ein erwachsener und einigermaßen tatkräftiger Herrscher persönlich präsent war und ihm kein Mitglied der eigenen engeren Familie gegenübergestellt werden konnte, vermochte er sich meist durchzusetzen. Konsolidieren ließ sich ein solcher Erfolg jedoch nur mit Hilfe königstreuer Adliger, die auf der regionalen Ebene einen dominierenden Einfluß besaßen oder erwarben, möglicherweise aber in späteren Jahren und Jahrzehnten ihrerseits zu einer Gefahr für die Krone werden konnten.

Insgesamt konnten die Stewarts im Laufe des 15. Jahrhunderts ihre Macht aber doch ausbauen. Zum einen gelang es ihnen, die Kirche immer stärker unter ihre Kontrolle zu bringen, so daß am Ende des Jahrhunderts die Bischöfe und die meisten Äbte in Schottland faktisch vom König nominiert wurden, nicht etwa von den Domkapiteln oder anderen geistlichen Körperschaften oder vom Papst. Zum anderen wurden immer mehr Streitfälle vor die königlichen Gerichte in Edinburgh gebracht, die ihre Jurisdiktion nun zumindest auf die gesamten Lowlands ausdehnten, während der König selbst sehr viel stärker als früher seine auch fiskalisch nutzbaren Rechte als oberster Lehnsherr durchzusetzen begann.

Dies galt bereits für Jakob II. von Schottland, der, 1431 geboren, erst 1448, elf Jahre nach dem Tod seines Vaters, die Regierung übernahm. Ähnlich rücksichtslos wie sein Vorgänger ging er gegen Magnaten vor, die sich ihm nicht unterwarfen. Das galt vor allem für die Hauptlinie des Hauses Douglas, die sogenannten Black Douglases (im Gegensatz zu den Red Douglases). Den Chef des Hauses, William Earl of Douglas, empfing er 1452 in Stirling Castle zu Verhandlungen. Während der Unterredung kam es zu einem Streit, und der König stach den Earl nieder, obwohl er ihm vorher freies Geleit zugesagt hatte. Jakob II. ließ es aber nicht bei dieser Gewalttat bewenden, sondern ging gegen die gesamte Familie vor, die über weitgespannte europäische Verbindungen namentlich nach Frankreich verfügte und deren

Oberhaupt im Kriegsfall eine Armee aufzustellen vermochte, die kaum kleiner war als die des Königs. Aber es fanden sich genug andere Adelsfamilien, die glaubten vom Fall der Earls of Douglas zu profitieren, darunter nicht zuletzt jüngere Zweige des Hauses Stewart, wie die Lords Darnley, die späteren Earls und Dukes of Lennox.

Der König obsiegte am Ende nach einer Auseinandersetzung, die an die fünf Jahre gedauert hatte. Sein Lebenswerk wollte er krönen durch die Eroberung von Roxburgh an der Grenze zu England, das englische Truppen seit Jahrzehnten besetzt hielten. Dieser militärische Gewaltstreich gelang ihm 1460 auch, aber noch während der Belagerung wurde er Opfer eines Unfalls. Neben ihm explodierte eine Kanone – die damaligen Geschütze waren für die, die sie abfeuerten, oft gefährlicher als für diejenigen, die beschossen wurden – und verletzte ihn so schwer, daß er kurz darauf starb.

Wieder erlebte Schottland eine längere Periode, in der es von wechselnden Regenten regiert wurde, bis Jakob III. 1469 selbständig zu regieren begann. In diesem Jahr heiratete er auch Margarete von Dänemark aus dem Hause Oldenburg, eine Tochter des dänischen Königs Christian I. Immerhin brachte ihm diese Eheverbindung als Mitgift die Orkney Inseln und die Shetlands ein, die bislang unter dänischer respektive norwegischer Oberhoheit gestanden hatten. Unter den Stewart-Herrschern in Schottland gehörte Jakob III. sicherlich zu den erfolglosesten. In kurzer Zeit gelang es ihm, die Mehrheit des Adels, aber auch die meisten Mitglieder seiner Familie gegen sich aufzubringen. In den 1480er Jahren stand nicht nur sein Bruder, der Herzog von Albany, gegen ihn – ein anderer Bruder war unter dubiosen Umständen in der Haft des Königs gestorben –, sondern auch sein ältester Sohn. Seine Neigung, persönliche Favoriten zu begünstigen und sich eher auf Kleriker und Juristen als auf adlige Magnaten zu stützen, hat sicherlich zur Unpopularität des Königs beigetragen. Hinzu kam aber, daß die Krone, die über mehr Einkommen und deutlich größere Patronageressourcen verfügte als im 14. Jahrhundert, damit auch leichter ins Kreuzfeuer unterschiedlicher Interessen geraten konnte. Adlige, die sich vom König in ihrem Streben nach Land, Ämtern und Auszeichnungen übergangen sahen, waren nun eher geneigt, sich einem Aufstand anzuschließen, gerade weil sie stärker als früher von der Krone abhängig waren.

Schon 1482 wurde Jakob III. von seinen eigenen Adligen gefangengesetzt, als er ein Heer um sich sammelte, um einen englischen Angriff abzuwehren. Seine Favoriten wurden von den Aufständischen kurzerhand an einer Brücke aufgehängt. Zwar gelang es ihm nach kurzer Zeit, aus dieser Gefangenschaft zu entkommen, aber sechs Jahre später sah er sich in eine militärische Konfrontation mit seinem ältesten Sohn und Erben (Jakob hatte seine Gunst eher dem Zweitgeborenen zugewandt) verwickelt, der ihm an der Spitze eines Heeres entgegentrat. Bei Saunchieburn in der Nähe von Bannockburn geschlagen, versuchte der König zu fliehen, stürzte aber vom Pferd und wurde von einem Unbekannten niedergestochen. Wie Jakob I. starb also auch er von der Hand eines Mörders. Im übrigen weist die Konfrontation von 1488 durchaus Ähnlichkeiten mit der Absetzung Jakobs VII. (des II. von England) genau zweihundert Jahre später auf, nur daß Jakob VII., der seine Macht an seine Tochter und seinen Schwiegersohn abtreten mußte, mit dem Leben davonkam; aber auch 1488 war die Ermordung des Königs wohl nicht geplant gewesen.

Jakob IV., der nun das Erbe seines Vaters antrat, befand sich in keiner einfachen Lage, denn man konnte ihm leicht eine Mitschuld am Tode seines Vaters geben. Dennoch bildet seine Regierungszeit (1488–1513) in vieler Hinsicht den Gipfelpunkt der Stewart-Herrschaft in Schottland. Jakob IV. profitierte nicht zuletzt davon, daß im stärker zusammenwachsenden europäischen Mächtesystem die Bedeutung Schottlands deutlich gewachsen war. Schottland war schon vorher gelegentlich in Krisenzeiten ein Partner für die Könige von Frankreich, die traditionellen Feinde Englands, gewesen, wurde aber nun doch deutlich ernster genommen als zuvor. Überdies hatte sich die Machtbalance verschoben. Während die französischen Valois – die wichtigsten europäischen Alliierten der Stewarts – sich lange Zeit nur mit Mühe gegen ihre englischen und burgundischen

Rivalen behauptet hatten, schienen sie um 1500 die politische Bühne in Westeuropa nahezu zu beherrschen. England hatte sich um 1450 aus Frankreich zurückziehen müssen, und das Haus Burgund war 1477 untergegangen, mochte es auch von den Habsburgern beerbt worden sein, die aber um 1500 noch nicht jenes Weltreich beherrschten, das Karl V. nach 1519 regieren sollte. Überdies hatte der erste Tudor auf dem englischen Thron, Heinrich VII. (1485–1509), nach Jahrzehnten dynastischer Auseinandersetzungen (der sogenannten Rosenkriege) Mühe, seine Position zu konsolidieren. Im Vergleich zu den Stewarts, die schon seit 1371 eine Königskrone getragen und auch vorher schon zu den größten Magnaten in ihrem Land gehört hatten – was man von den Tudors im 14. Jahrhundert kaum behaupten konnte –, waren Heinrich VII. von England und seine Familie im übrigen eher Parvenüs unter den regierenden Häusern Europas. Jakob IV. sah sich jedenfalls durchaus als einen, wenn nicht gar als den Führer der europäischen Christenheit und träumte davon, einen Kreuzzug anzuführen, um Konstantinopel, das die Türken 1453 erobert hatten, von der osmanischen Herrschaft zu befreien. Ein solcher Plan mag im Rückblick als reine Phantasterei erscheinen, aber auch die Herrscher Frankreichs hatten damals die Idee eines Kreuzzugs noch nicht aufgegeben.

Jakob IV. war jedenfalls in der Lage – gestützt auf französische Subsidien und auf Experten, die ihm der König von Frankreich auch zur Verfügung gestellt hatte –, eine schlagkräftige Flotte aufzubauen, mit der man vielleicht nicht Konstantinopel erobern konnte, die aber sehr wohl geeignet war, die Hebriden zu unterwerfen und England sowie die englische Herrschaft in Irland zu bedrohen. Jedenfalls war Jakob der erste schottische Monarch seit langem, der England aus einer Position der relativen Stärke gegenübertreten konnte. Heinrich VII. suchte jedoch den Ausgleich mit dem Stewarts, und 1502 konnte Jakob die Tochter Margaret des englischen Königs als Braut heimführen. Margaret war damals erst zwölf, 16 Jahre jünger als ihr Ehemann, aber angesichts der unsicheren Position der Tudors ließ sich doch schon erahnen, daß diese dynastische Ehe vielleicht eines Tages einen Erbanspruch auf den englischen Thron würde begründen können.

Mit der Hochzeit sollte ein dauerhafter Frieden zwischen England und Schottland besiegelt werden, dieser wurde jedoch zunehmend instabil, nachdem 1509 in England Heinrich VIII. den Thron bestiegen hatte. Schließlich entschloß sich Jakob IV. 1513, England anzugreifen, um seinem Verbündeten, dem französischen König, der von englischen Truppen auf dem Kontinent bedrängt wurde, zu Hilfe zu eilen. Mit etwa 20 000 Mann überschritt er den Fluß Tweed, der die Grenze zu England markierte. Im Grunde waren die Schotten ihren englischen Gegnern an Kampfkraft gewachsen, waren aber erheblich schlechter oder doch unzweckmäßiger bewaffnet (z. B. zu schwere Panzerung der Reiter, lange Piken statt kürzere Hellebarden bei der Infanterie), denn die Tendenz zur Modernisierung der Kampftaktik, mit der die Engländer durch ihre Kriege auf dem Kontinent schon seit langem gut vertraut waren, war in Schottland noch weitgehend unbekannt. Überdies war die englische Feldartillerie der schottischen weit überlegen. Das Ergebnis war am 9. September 1513 eine katastrophale Niederlage der Schotten. Jakob IV. selbst kam im Kampfgetümmel um, und mit ihm starben neun Earls, 14 Barone, ein Erzbischof, ein Bischof und zwei Äbte, denn der Klerus hatte sich durchaus aktiv am Kampf beteiligt. Mit Jakob IV. starb aber auch der Traum der Stewarts, unter den Königsdynastien Europas eine führende Position einnehmen zu können. Erst Jakob VI. konnte, nachdem er die englische Krone geerbt hatte, wieder in solchen Kategorien denken.

Von Verbündeten Frankreichs zu Klienten Englands: Die Stewarts und Schottland zwischen 1513 und 1585

Für die Stabilität der Monarchie in Schottland sprach freilich die Tatsache, daß die Engländer es nicht wirklich vermochten, ihren Sieg auszunutzen. Jakob V., dem Sohn des gefallenen Königs, 1513 noch ein Kleinkind, gelang es, als er mit siebzehn Jahren 1528 die Regierung übernahm, die Autorität der Krone, die während der langen Regentschaft gelitten hatte, wiederherzustellen. Mit jener Rücksichtslosigkeit, die vielen Stewarts zu eigen war, unterwarf er widerspenstige Adlige und plünderte den Besitz der Kirche, um sein eigenes Einkommen zu steigern. Zwar blieb er, anders als Heinrich VIII. von England, dem Papsttum äußerlich treu, aber er ermutigte durchaus antikle-rikale Angriffe auf die schottischen Prälaten. Es war auch die-ser Politik des Königs geschuldet, daß die römische Kirche in Schottland nach seinem Tode relativ rasch kollabieren sollte.

Wie sein Vater setzte er im übrigen auf eine enge Zusammen-arbeit mit den Valois. 1536 brach er nach Frankreich auf, um die älteste Tochter des französischen Königs, Madeleine, zu um-werben, und hielt sich immerhin an die neun Monate dort auf; der Aufenthalt prägte ihn ohne Zweifel, und es ist in diesem Zu-sammenhang auch nicht unwichtig, daß er der erste schottische Monarch war, der kein Gälisch mehr sprach, sich also stärker an der französisch-lateinischen Kultur des Kontinents orien-tierte als seine unmittelbaren Vorgänger. Als er nach Schottland zurückkehrte, war er mit der französischen Prinzessin vermählt, die allerdings kurz nach der Ankunft im Norden starb. Doch auch seine zweite Gattin kam aus Frankreich. Marie de Guise, eine Witwe, stammte aus einem mächtigen Adelsgeschlecht, dessen Hauptlinie, das Haus Lothringen, den Status von Reichs-fürsten besaß und für seine kompromißlose Verteidigung der römischen Kirche gegen den Protestantismus bekannt war. Mit dieser Ehe wurden die Bindungen Schottlands an Frankreich endgültig gefestigt. Der Austausch zwischen den beiden Län-dern war allerdings ohnehin intensiv. Viele schottische Adlige, darunter auch Mitglieder der jüngeren Linien des Hauses Ste-wart, dienten in der schottischen Garde des französischen Kö-nigs und erwarben jenseits des Kanals Besitz, Adelstitel und Herrschaftsrechte, während an der Universität Paris schottische Theologen und Gelehrte wirkten. Mehr denn je stellte sich in diesen Jahrzehnten – etwa zwischen 1530 und 1570 – die Frage, wo Schottlands Zukunft lag, in der Anlehnung an ein katho-lisches Frankreich oder in der Zusammenarbeit mit einem pro-testantischen England, das freilich auch ein recht bedrohlicher Nachbar war.

Für den frankophilen Jakob V. selber konnte es hier keinen
Zweifel geben. Als er sich 1542 jedoch in einen Krieg mit seinem englischen Onkel Heinrich VIII. verwickelt sah, mußte er
feststellen, daß ihn seine harte Politik gegenüber dem Adel in
Schottland isoliert hatte. Viele Adlige weigerten sich, ihm in den
Kampf zu folgen. Eine schottische Armee, die unter der Führung eines Höflings des erkrankten Königs einen Vorstoß über
die Grenze nach Süden machte, wurde von zahlenmäßig unter-
legenen englischen Truppen bei Solway Moss vernichtend geschlagen. Der Königs starb kurz darauf, am 14. Dezember 1542
im Alter von 30 Jahren. Ob es der Schock der Niederlage war,
verbunden mit der Tatsache, daß er kurz zuvor seine beiden
Söhne und Erben durch tödliche Erkrankungen verloren hatte,
der ihn am Leben verzweifeln ließ, ist unklar. Möglicherweise
lag auch nur eine schwere physische Erkrankung vor. Seine ein-
zige Erbin war jedoch seine soeben geborene Tochter Maria.
Damit war die Hauptlinie der Stewarts im männlichen Stamm
ausgestorben, rund 170 Jahre nachdem diesem Hause die schottische Krone zugefallen war, und die Zukunft Schottlands als
eigenständiges Königreich war fast ebenso ungewiß wie Ende
des 13. Jahrhunderts, als schon einmal eine schottische Königsdynastie erloschen war.

Maria, die Tochter des Königs (geb. am 8. Dezember 1542 in
Linlithgow Palace), wurde auch deshalb schon wenige Monate
nach ihrer Geburt zur schottischen Königin gekrönt, doch bereits im Sommer 1543 wurde Schottland genötigt, einen Vertrag
mit Heinrich VIII. von England zu unterschreiben, der Marias
Verlobung mit dem Erben der englischen Krone, Prinz Eduard,
und ihre Erziehung in England vorsah. Marias Mutter, die tat-
kräftige Marie de Guise sorgte jedoch dafür, daß dieser Vertrag
nicht eingehalten wurde. Statt dessen entschied sie sich dafür,
ihre Tochter mit dem ältesten Sohn Heinrichs II. von Frankreich, der als Franz II. später den Thron besteigen sollte, zu verbinden. Da Marie de Guise selbst Französin war und durch
diese vereinbarte Heirat der ohnehin schon große Einfluß ihrer
Familie am französischen Hof gestärkt wurde, war dies eine na-

heliegende Entscheidung. Überdies sicherte sie sich so die Unterstützung Frankreichs im Kampf gegen England und die schottischen Protestanten.

Maria Stewart siedelte 1548 nach Frankreich über und wuchs dort zusammen mit den Kindern Heinrich II., des französischen Königs, auf. Ihre eigentliche Muttersprache wurde Französisch, sie beherrschte jedoch auch das Lateinische recht gut, während sie in Englisch respektive Schottisch offenbar nur mit Mühe Briefe schreiben konnte. Ihre Mutter blieb in Schottland, wo es ihr nach langen Kämpfen gelang, sich 1554, gestützt auf französische Truppen, endgültig als Regentin durchzusetzen. Schottland war in den Jahren zuvor wiederholt englischen Angriffen ausgesetzt gewesen; nach der Niederlage des schottischen Heeres in der Schlacht bei Pinkie 1547 hatten englische Truppen große Teile Südschottlands besetzt. Am Ende waren die Kosten dieses Krieges jedoch zu hoch geworden, und die Engländer hatten sich 1550 zurückziehen müssen.

In den 1550er Jahren hatte es daher den Anschein, als werde Schottland auf Dauer Teil eines dynastischen Reiches werden, das von den Valois regiert wurde und zu dem neben Frankreich und Schottland eines Tages auch England gehören würde, denn 1558 starb Maria die Katholische von England kinderlos. Als Urenkelin Heinrichs VII. von England besaß Maria Stewart einen klaren Anspruch auf die englische Krone, zumal die rivalisierende Thronanwärterin Elisabeth Tudor aus katholischer Sicht illegitim war. Dieser Anspruch wäre dann auf Marias Kinder aus ihrer Ehe mit Franz II. von Frankreich übergegangen.

Maria Stewart, oder wie sie in Frankreich genannt werden sollte, Stuart, die am 24. April 1558 den französischen Thronfolger heiratete, nahm noch im selben Jahr das Wappen Englands in ihr eigenes auf, um ihren Anspruch auf den englischen Thron zu dokumentieren – eine wohl eher auf den französischen König zurückgehende Entscheidung, die in England erheblichen Ärger verursachte. Elisabeth I. von England sah in ihr fortan eine gefährliche Rivalin. Maria selbst freilich erreichte in diesen Jahren den Höhepunkt ihres Ruhmes; sie wurde an der Seite ihres Mannes, der im Juli 1559 nach dem Tode seines Vaters den französischen Thron bestieg, Königin von Frankreich. In Schottland regte sich freilich mittlerweile der Widerstand gegen den französischen Einfluß und die Vorherrschaft des Katholizismus. 1560 wurden die französischen Truppen zum Abzug gezwungen, und das Parlament erklärte Schottland unter englischem Einfluß zu einem protestantischen Land. Marie die Guise war während der Unruhen gestorben.

Der überraschende Tod ihres Mannes, Franz II., Ende 1560, nötigte Maria, in ihre Heimat zurückzukehren, denn in Frankreich war für sie nun kein Platz mehr. Maria übernahm daher im August 1561 die Herrschaft über ihre Heimat. Sie hatte ein Abkommen mit ihrem illegitimen Halbbruder, James Stewart (später Earl of Moray), und einigen protestantischen Adligen getroffen, das den Protestantismus als das offizielle Bekenntnis Schottlands anerkannte, aber Maria die Möglichkeit gab, an ihrem Katholizismus festzuhalten und in ihren Residenzen katholische Gottesdienste abhalten zu lassen.

Maria gelang es in den folgenden Jahren, ihre Herrschaft in Schottland zunächst zu festigen. Deutlich war aber auch, daß sie einen Ehemann brauchte, um ihre Position dauerhaft zu stabilisieren. Maria entschied sich schließlich für Henry Stuart Lord Darnley (diese Linie des Hauses Stewart zog schon vorher die Schreibweise Stuart vor, die sich auch Maria selber in Frankreich zu eigen gemacht hatte) aus dem damals überwiegend in England lebenden schottischen Geschlecht der Herzöge von Lennox. Darnley besaß einen großen Vorteil: Wie Maria konnte er einen auf Margaret Tudor (die nach dem Tode Jakobs IV. erneut geheiratet hatte) zurückgehenden Anspruch auf den englischen Thron geltend machen; ein Kind aus dieser Verbindung hatte also recht gute Chancen, sich gegen andere mögliche Thronprätendenten durchzusetzen. In anderer Hinsicht konnte Darnley, der zügellosen Ehrgeiz mit mangelnder Intelligenz und Selbstdisziplin verband, freilich nicht unbedingt als idealer Gatte einer Königin gelten.

Am 29. Juli 1565 wurden Maria und Darnley in der Kapelle des Palastes von Holyroodhouse in Edinburgh getraut. Mit dieser Heirat brachen die Beziehungen zu England, wo man in der

Verbindung einen Angriff auf das Herrschaftsrecht Elisabeths I. sah, zusammen. Obgleich Darnley konfessionell nicht wirklich festgelegt war, galt er eher als Parteigänger der Katholiken und hatte unter den schottischen Protestanten viele erbitterte Feinde. Unter der Führung des Earl of Moray, der ja Marias Halbbruder war, kam es zu einem Aufstand – mit englischer finanzieller Unterstützung –, den die Königin freilich niederwerfen konnte. Behilflich war ihr dabei James Hepburn, Earl of Bothwell, der als erblicher Hochadmiral des Königreiches und Sheriff von Edinburgh eine wichtige Position in der schottischen Adelshierarchie einnahm. Bothwell war ein Mann, der den traditionellen Gewalthabitus des schottischen Magnaten mit – allerdings oberflächlicher – Bildung (er hatte in Paris studiert) und einem gewissen brutalen Charme verband. Er sollte ein wichtiger Verbündeter der Königin werden, aber auch am Ende die Ursache ihres Sturzes.

Zunächst zeigte sich jedoch immer deutlicher, daß die Ehe mit Darnley kein Erfolg war. Darnley war nicht bereit, sich seiner Frau unterzuordnen – die ja die eigentliche Herrscherin war –, und verband sich mit ihren Gegnern, die sich durch den seit Anfang 1566 wohl auch auf Drängen der französischen Verwandten Marias unternommenen Versuch, die katholische Messe landesweit für legal zu erklären, provoziert sahen. Durch einen Putsch wollten sie die Kontrolle über die Königin gewinnen und Darnley half ihnen dabei. Am 9. März 1566 ermordeten die Verschwörer unter der Führung von Lord Ruthven und einiger Mitglieder des Douglas-Clans den italienischen Sekretär der Königin, David Riccio, in Holyroodhouse, der königlichen Residenz in Edinburgh, praktisch unter den Augen Marias. Riccio war als Katholik, Ausländer und enger Vertrauter der Königin verhaßt. Der durch die Bluttat ausgelöste Schock hätte bei der mittlerweile schwangeren Königin zu einer Fehlgeburt führen können. Zumindest einige der Verschwörer hatten ihren Tod und den ihres ungeborenen Kindes wohl sogar einkalkuliert.

Maria wurde zunächst gefangen gesetzt, es gelang ihr aber, zu entkommen und mit Hilfe Bothwells und des Earl of Moray, dem sie seine frühere Rebellion vergab, die Macht zurückzuerlangen. Die Verschwörer flohen nach England, Darnley zog sich nach Glasgow zurück. Maria herrschte erneut in Edinburgh, wo sie ihr Kind zur Welt bringen wollte. Am 19. Juni 1566 wurde der zukünftige Jakob VI. von Schottland geboren. Damit war Marias Position leidlich gefestigt, jedenfalls solange sie die Kontrolle über ihren Sohn behielt.

Darnley seinerseits kehrte dennoch auf Vorschlag Marias aus Glasgow nach Edinburgh zurück, wo er Anfang Februar 1567 in einem Haus vor den Toren der Stadt, in Kirk o'Fields, Quartier bezog. In der Nacht vom 9. auf den 10. Februar wurde das Haus in die Luft gesprengt, den Leichnam Darnleys fand man im Garten.

Zahlreiche Zeitgenossen sahen rasch im Earl of Bothwell den Hauptschuldigen und in der Königin zumindest eine Mitwisserin, wenn nicht die Auftraggeberin des Verbrechens, auch wenn wohl eher der Clan der Douglases hinter der Tat stand. Dennoch war Bothwell vermutlich wirklich involviert oder wußte doch zumindest von dem Plan, Darnley zu ermorden. Bothwell leitete innerhalb kürzester Zeit die Trennung von seiner bisherigen Frau ein, und noch am 14. Mai heiratete er die verwitwete Königin in einem protestantischen Gottesdienst.

Die Umstände, unter denen Darnley zu Tode gekommen war, und die enge Zusammenarbeit Marias mit Bothwell, der weithin als sein Mörder galt, waren in Schottland und England ohnehin schon als skandalös betrachtet worden. Die Heirat entzog der Herrschaft Marias jede Legitimität. Große Teile des schottischen Adels befanden sich jetzt im offenen Aufstand, und Elisabeth I. wandte sich vehement gegen sie. Hinzu trat noch der Umstand, daß Marias dritte Ehe mit Bothwell, der immer mehr sein wahres Gesicht als brutaler Gewaltmensch zeigte, ähnlich unglücklich war wie die zweite. Die Ereignisse überstürzten sich jetzt. Bei Carberry Hill wurde Maria am 15. Juni zur Kapitulation vor den Aufständischen gezwungen, Bothwell floh nach Dunbar und am Ende ins Exil. Maria wurde gefangengesetzt, ihre Hinrichtung oder Ermordung waren durchaus Optionen, die man erwog, am Ende wurde sie jedoch lediglich – am 24. Juli – zur Abdankung gezwungen, mit der Drohung, man werde sie sonst töten. Sie gab nach, zumal sie durch eine Fehlgeburt geschwächt war. Es gelang ihr jedoch im Frühjahr 1568 zu entkommen, sie sah sich aber nach einer militärischen Niederlage bei Langside in der Nähe von Glasgow am 13. Mai 1568 zur Flucht nach England gezwungen, obwohl es vermutlich klüger gewesen wäre, in Schottland auszuharren, wo sie durchaus noch zahlreiche Anhänger besaß. Von England oder vielleicht auch von Frankreich aus wollte sie ihre Wiedereinsetzung als Königin betreiben.

Elisabeth I. von England sah in der exilierten Königin von Anfang an eine Gefahr für ihren Thron und behandelte sie bald schon wie eine Gefangene. In der Tat wurde Marias kleine Hofhaltung in England innerhalb weniger Monate zum Zentrum katholischer Umsturzpläne, die auf die Absetzung oder Ermordung Elisabeths I. abzielten. Maria unterstützte diese Pläne, ohne jedoch deshalb die Option einer Aussöhnung mit der englischen Königin ganz aufzugeben. In Schottland festigten hingegen nach 1567 die Gegner Maria Stuarts mit englischer Unterstützung ihre Position. Der minderjährige Monarch wurde das symbolische Oberhaupt einer King's Party, die mehr oder weniger identisch war mit den Führern des Aufstandes gegen seine Mutter. Selbstverständlich wurde der junge König nach den Grundsätzen des strengen Calvinismus erzogen, und an dem protestantischen Bekenntnis seiner Jugend hielt er auch in der Tat stets fest, so wenig ihm die presbyterianische Kirchenverfassung später zusagte.

Im übrigen wurde ihm von seinen Erziehern, unter ihnen der schottische Humanist und Widerstandsrechtler George Buchanan, eine sehr solide humanistische Bildung vermittelt. Es gab in Schottland vermutlich damals kaum Adlige, deren Bildung so umfassend war wie die des jungen Monarchen, aber auch unter den Königen Europas zeichnete er sich durch seinen weiten geistigen Horizont aus, auch wenn die trockene Pedanterie der calvinistischen Theologie ihm nicht ganz fremd blieb. Jakob war zunächst nicht mehr als eine Schachfigur auf dem Spielbrett der Politik. Erste Anzeichen einer eigenständigeren Position traten erst Ende der 1570er Jahre hervor. Im Herbst 1579 tauchte ein junger Adliger in der Umgebung des Königs auf, der bis dahin in Frankreich gelebt hatte, aber zur Lennox-Nebenlinie der Stuarts gehörte, Esmé Stuart, Sieur d'Aubigny, dem bald darauf der Titel eines Earl of Lennox verliehen wurde. Jakob brachte Lennox schon bald eine geradezu leidenschaftliche Zuneigung entgegen. Lennox verbündete sich mit anderen Adligen, denen die Herrschaft des damaligen Regenten, des Earl of Morton, unerträglich erschien. Morton wurde im Dezember 1580 verhaftet und im Frühjahr darauf wegen der Beteiligung am Mord Lord Darnleys hingerichtet. Er war damit der dritte Regent Schottlands seit 1567, der eines gewaltsamen Todes starb. Allerdings war auch die Machtposition von Lennox, der bald den Titel eines Herzogs erhielt, nicht sicher, denn die Geistlichen der calvinistischen Kirche sahen in dem Franzosen einen unverbesserlichen Katholiken, dessen Einfluß auf den König verderblich sei. Auch unter dem protestantischen Adel wuchs der Widerstand gegen den Favoriten. Im August 1582 schlug die Opposition zu. Unter der Führung von William Ruthven, second Earl of Gowrie, nahmen die Verschwörer den König auf der Rückkehr von einem Jagdausflug gefangen. Der Vater Gowries, Patrick Lord Ruthven, war schon 1566 in die Ermordung von Riccio verwickelt gewesen, Der König begegnete der Familie fortan mit starkem Mißtrauen und sollte an ihr später Rache nehmen. Gowrie selbst wurde schon 1584 unter einem Vorwand hingerichtet.

Zunächst mußte der König sich jedoch nach dem sogenannten Ruthven Raid, der noch einmal demonstriert hatte, daß er nur ein Spielball der verschiedenen Adelsgruppierungen war, der Gewalt beugen. Unter Zwang befahl er Lennox, Schottland zu verlassen; eine Maßnahme, die nicht zuletzt von den strengen Calvinisten weithin begrüßt wurde. Dem König gelang es jedoch, sich aus der Gefangenschaft der Ruthven Raiders im Juni 1583 zu befreien. Beraten von James Stewart, Earl of Arran, dem letzten bedeutenden Mentor des Herrschers, erließ er eine Reihe von Gesetzen, die sich vor allem gegen die Autonomie der Kirche richteten und die so etwas wie ein königliches Kirchen-

regiment schaffen sollten. Diese sogenannten Black Acts von
1584, die durch die Unterstützung der Kirche für die Ruthven
Raiders veranlaßt wurden, waren alles andere als populär und
mußten auf Grund des erheblichen Widerstandes, mit dem der
König sich konfrontiert sah, ein Jahr später weitgehend suspen-
diert werden. Jakob sah sich genötigt, Arran – nicht zuletzt unter englischem Druck – fallenzulassen. Dennoch stellen die
Jahre 1583 bis 1585 den vorsichtigen Beginn der selbständigen
Regierung Jakobs VI. in Schottland dar. Er war zwar noch lange
genötigt, zwischen den unterschiedlichen Gruppierungen und
Machtfaktoren, die die schottische Politik bestimmten, zu lavie-
ren, aber er wurde nie wieder zum ohnmächtigen Gefangenen
einer Koalition adliger Magnaten, wie er es in der Vergangenheit gewesen war.

Jakob VI. als Herrscher über Schottland
zwischen 1585 und 1603 und die englische Thronfolge

Von der Bevormundung durch adlige Regenten 1585 endgültig
befreit, stellte sich für Jakob vor allem das Problem, einen modus vivendi mit Elisabeth von England zu finden. Die Jahre nach
1560 hatten gezeigt, daß sich Schottland nur schwer im Konflikt mit England regieren ließ, da Elisabeth I. stets in der Lage
war, oppositionelle Adlige in Schottland zu mobilisieren, die für
die englischen Interessen kämpften. Längerfristig ging es überdies darum, den auf die Heirat Jakobs IV. mit Margaret Tudor
im Jahre 1502 zurückgehenden Erbansprüchen der Stuarts auf
den englischen Thron Anerkennung zu verschaffen, denn schon
1585 war klar, daß die unverheiratete Elisabeth (geb. 1533) kinderlos sterben würde. Im Juli 1586 unterschrieb Jakob einen
Bündnisvertrag mit der englischen Königin, der ihm zwar keine
direkte Anerkennung seines Anspruches auf den englischen
Thron bot, die Chance, solche Ansprüche eines Tages durchzusetzen, jedoch erhöhte. Er gab damit die Option auf, in Schottland, und sei es auch nur nominell, gemeinsam mit seiner immer noch in England gefangen gehaltenen Mutter zu herrschen,
wie Maria es wiederholt vorgeschlagen hatte. Damit wurde die

Position Maria Stuarts in England noch prekärer, als sie es ohnehin schon war, zumal sich Elisabeth angesichts des kaum noch vermeidbaren Krieges mit Spanien noch stärker als früher durch die Präsenz der schottischen Rivalin in ihrem Land bedroht sah.

1585 schuf ein englisches Parlamentsgesetz die rechtlichen Grundlagen für ein Verfahren gegen Maria Stuart, insbesondere für den Fall, daß Elisabeth I. ermordet werden sollte. Aber auch ohne eine solche Tat war damit der Weg frei zu einer Hinrichtung der schottischen Königin, zumal sie unvorsichtig genug war, weiter Kontakte zu katholischen Verschwörern zu unterhalten, die Elisabeth I. beseitigen wollten. Im Oktober 1586 wurde Maria in Fotheringhay Castle vor ein Sondergericht gestellt und wegen Hochverrats zum Tode verurteilt. Da sie keine Untertanin Elisabeths war, war diese Begründung juristisch allerdings problematisch. Elisabeth I. zögerte daher auch trotz des enormen Drucks, den ihre Ratgeber und das Parlament auf sie ausübten, das Urteil vollstrecken zu lassen, und hoffte wohl, jemand werde ihre Verwandte einfach vergiften. Dies geschah aber nicht. Am 1. Februar 1587 unterschrieb Elisabeth das Todesurteil, am 8. Februar 1587 wurde Maria Stuart vom Henker mit zwei Beilhieben hingerichtet. Sie inszenierte sich in diesem letzten Moment ihres Lebens ganz als glaubensfeste und leidensbereite katholische Märtyrerin, auch wenn man ihr faktisch in Spanien lange Zeit ebenso mißtraut hatte wie in Rom.

Jakob VI. hatte gegen die Hinrichtung seiner Mutter nur rhetorisch protestiert, er kannte sie persönlich ja nicht, und er wollte es mit Elisabeth nicht verderben, um sich die Nachfolge in England zu sichern. Faktisch hatte der Tod seiner Mutter seine eigene Position eher gestärkt, denn bis zu diesem Datum war die Legitimität seiner Herrschaft durchaus zweifelhaft gewesen. Es entbehrt im übrigen nicht einer gewissen Ironie, daß ein König, der sein halbes Leben damit verbringen sollte, den sakralen Charakter der Königsherrschaft zu betonen und gegen jedes Widerstandsrecht zu polemisieren, seinen eigenen Aufstieg einer Tat verdankte, die durchaus als ein Königsmord gesehen werden konnte, mochte auch eine andere Königin selber die Täterin sein.

Für ihre meist katholischen Anhänger wurde Maria Stuart nach ihrer Hinrichtung in England zu einer Märtyrerin, die für ihren Glauben und das unanfechtbare göttliche Recht des Königtums als Opfer eines skrupellosen Mordes starb. Für ihre protestantischen Gegner hingegen war sie im besten Fall eine willensschwache Frau, die sich allzu oft nur von ihren Gefühlen leiten ließ und sich überdies in den Mord an ihrem zweiten Gemahl und in zahlreiche Verschwörungen gegen das Leben Elisabeths von England hatte verwickeln lassen. Für das 19. Jahrhundert wurde sie zu einer romantischen Gestalt, die, gerade wegen ihrer Widersprüchlichkeit und ihrer Tragik, die Phantasie der Dichter beschäftigte. Ihre Hinrichtung, daran kann kein Zweifel bestehen, schuf jedenfalls einen Präzedenzfall für das Verfahren gegen ihren Enkel Karl I. von England, das 1649 mit dessen Exekution endete. Ihre Nachkommen wandten sich im späten 17. Jahrhundert hingegen immer mehr jenem militanten Katholizismus zu, mit dem Maria letztlich nur gespielt hatte, der aber für spätere Generationen der Stuarts wohl auch unter dem Eindruck des Mythos, der um ihre Vorfahrin entstanden war, zu einer tiefen inneren Überzeugung wurde.

So problematisch die Untätigkeit Jakobs VI. angesichts der Hinrichtung seiner Mutter erscheinen mochte, festigte sie doch seine Zusammenarbeit mit England und damit auch seine eigene Position in Schottland. Dort versuchte der König sich die Möglichkeit einer begrenzten Kooperation mit den konfessionell konservativen, zum Teil auch offen katholischen Magnaten des Nordostens, wie den Gordons, offen zu halten, stützte sich aber zugleich nach 1587 zunächst auf eine Kooperation mit der calvinistischen Kirche und kultivierte seinen Ruf als gottesfürchtiger, frommer Herrscher. Schon in Schottland ließ er sich wahlweise als neuer Salomon oder neuer Konstantin der Große darstellen, wie später in England, und präsentierte sich durch eigene theologische und literarische Werke als ein Gelehrter auf dem Königsthron.

Jakob VI. stärkte seine Position nach 1585 Jahren schrittweise, nicht zuletzt auch durch seine 1589 geschlossene Ehe mit der dänischen Prinzessin Anna. In den Jahren zuvor waren Gerüchte aufgetaucht, der König habe nicht viel für Frauen übrig, und vereinzelt waren auch Vorwürfe laut geworden, er zeige homoerotische Neigungen. In der sehr maskulinen schottischen Adelsgesellschaft konnten solche Vorwürfe, auch wenn es nur Gerüchte waren, gefährlich werden. Die Heirat war daher, aber auch um die Kontinuität der Dynastie zu sichern, eine politische Notwendigkeit; eine Liebesheirat war es kaum, doch das galt für dynastische Verbindungen in dieser Epoche natürlich allgemein. Von der Heirat konnte sich Jakob überdies eine gute Mitgift versprechen, denn der dänische König war dank der Sundzölle reich. Die Geburt eines Thronfolgers Anfang 1594 (des 1612 verstorbenen Prinzen Henry) war ein Faktor, der die Position Jakobs VI. weiter legitimierte, solange seine Gegner sich dieses Thronfolgers nicht bemächtigen konnten, und dafür trug er Sorge.

Angesichts der gefestigten Autorität der Krone wird in der Forschung nicht selten von einem schottischen Absolutismus gesprochen, der sich in den Jahren nach 1590 durchgesetzt habe (z. B. Julian Goodare, State and Society). Sicherlich war Schottland 1603 ein ganz anderes Land als 1566, als Jakob VI. geboren wurde. So entwickelte sich aus bescheidenen Anfängen in Edinburgh erstmals eine bürokratisch organisierte zentrale Verwaltung. Dominiert wurde sie nicht von den großen Magnaten, sondern von Männern, die jüngere Söhne von Hochadligen waren, aus Nebenlinien der großen Dynastien stammten oder zum niederen Adel, zur Gruppe der sogenannten Lairds, gehörten.

Dennoch war die politische Stabilität, die Schottland gegen Ende der 1590er Jahre auszeichnete, vor allem auch das Ergebnis einer nach vielen Konflikten am Ende doch erreichten engen Zusammenarbeit zwischen dem König und den traditionellen Eliten. Von Absolutismus kann man in diesem Kontext daher kaum sprechen. Es gelang dem König aber durchaus, die stark ausgeprägte Neigung des schottischen Adels, Konflikte gewaltsam auszutragen, einzudämmen. Ein Parlamentsgesetz von 1598 erklärte alle Fehden dieser Art zum ersten Mal für illegal, stellte also eine Art ewigen Landfrieden für Schottland dar. Daß dieses Gesetz zumindest in den Lowlands wirksam durchgesetzt werden konnte, war freilich vor allem dem Einfluß der Kirche und ihrer strengen Disziplin zu verdanken.

Erwies sich die Kirche beim Versuch des Königs, sein Land zu befrieden, durchaus als wichtiger Partner, so waren doch auf anderen Gebieten starke Spannungen nicht zu übersehen. Dem König waren die theokratischen Tendenzen in der Kirk von jeher ein Dorn im Auge gewesen, er war jedoch hier ebenso wie in anderen Bereichen geschickt genug, seine Bedenken zurückzustellen, um mit potentiellen Gegnern unter taktischen Gesichtspunkten zunächst zusammenzuarbeiten, ohne jedoch seine eigentlichen Ziele – und das war in diesem Falle die Schaffung eines wirksamen königlichen Kirchenregiments – jemals wirklich aufzugeben. Er war außerordentlich zäh und besaß die Fähigkeit, auf den richtigen Augenblick zu warten, um seine Vorstellungen durchzusetzen.

Im Jahre 1600 erreichte er es, daß drei Geistliche in besonderer Weise und auf Dauer mit der Vertretung der Kirche in der Ständeversammlung, im Parlament, beauftragt wurden und daß diese drei den Bischofstitel erhielten, obwohl die schottische Reformation das Amt des Bischofs in der Kirche eigentlich abgeschafft hatte. Der König übertrug diesen drei Geistlichen vorreformatorische Bistümer, die seit langem nicht mehr von Prälaten verwaltet worden waren. Zwar besaßen diese neuen parlamentarischen Bischöfe einstweilen nur eine politische, keine geistliche Amtsgewalt, aber das Fundament für eine Wiedereinführung der Episkopalverfassung war gelegt, und da der König sich das Recht gesichert hatte, die Bischöfe zu ernennen, hatte er damit ein Mittel gefunden, die Kirche unter seine Kontrolle zu bringen.

Das Jahr 1600 war somit trotz eines angeblichen oder wirklichen Mordanschlages auf den Monarchen, der sogenannten Gowrie Conspiracy, hinter dem einmal mehr die verhaßten Ruthvens standen, deren Namen und Geschlecht der König in Schottland daraufhin gänzlich auslöschen ließ, ein Jahr des Erfolges für Jakob VI. Unklar blieb dennoch, wie der Übergang der englischen Krone auf ihn gesichert werden sollte, da Elisabeth sich weigerte, ihn in rechtsverbindlicher Form als ihren Nachfolger anzuerkennen. Zwar hatte Jakob den bei weitem besten Erbanspruch auf die Krone, aber mit etwas Mühe konnte man durchaus andere Thronanwärter finden, darunter Jakobs Cousine, Arabella Stuart, die wie er von Margaret Tudor, der Tochter Heinrichs VII., abstammte.

In den Jahren vor 1603 war der schottische König daher bemüht, Kontakte zu einflußreichen Höflingen und Adligen aufzunehmen, um die Thronfolge vorzubereiten. Nachdem er zunächst auf den Earl of Essex, einen Favoriten Elisabeths, der jedoch 1601 nach einem gescheiterten Putschversuch hingerichtet wurde, gesetzt hatte, verließ er sich am Ende eher auf Robert Cecil, den einflußreichen Staatssekretär Elisabeths, unterhielt aber auch Kontakte zu anderen Amtsträgern und Adligen wie zu den Führern der englischen Katholiken, da er immer noch befürchtete, Spanien könne im Bunde mit einer katholischen Adelspartei den Übergang der Krone auf ihn verhindern. Cecil und der zum Katholizismus neigende Henry Howard, der spätere Earl of Northampton, ein alter Anhänger Maria Stuarts, waren ihrerseits bemüht, den König auf ihre Linie zu bringen, nicht zuletzt, indem sie ihn über die Probleme, die ihn in England erwarteten, nur höchst oberflächlich oder gar nicht informierten, eine Taktik, die nach 1603 bedenkliche Folgen haben sollte, da Jakob VI. auf die neuen Aufgaben, die sich ihm in England stellten, in der Tat schlecht vorbereitet war.

Andererseits erwies sich am Ende die Besorgnis des Königs, er müsse sich den englischen Thron mit militärischer Gewalt erkämpfen, auch dank der sorgfältigen Regie Cecils als unbegründet. Als Elisabeth I. am 24. März 1603 starb, gab es keinen ernstzunehmenden Versuch, Jakob VI. die englische Krone streitig zu machen, und auch eine Anerkennung seines Anspruches durch das Parlament erübrigte sich. Vielmehr setzte sich das in England keineswegs selbstverständliche Prinzip eines unanfechtbaren dynastischen Erbrechtes, das keiner Bestätigung bedurfte, durch. Innerhalb kürzester Zeit wurde Jakob zum König ausgerufen und konnte von seinem neuen Reich Besitz ergreifen. Jakob VI. brach im Frühjahr 1603 nach England auf, als ein Herrscher, dem es wie wenigen Monarchen vor ihm gelungen war, Schottland zu befrieden und der Autorität der Krone Respekt zu verschaffen, auch wenn dies seit Beginn seiner selbständigen Regierung nach 1585 mehr als ein Jahrzehnt gedauert hatte. Schottland hatte sich tiefgreifend verändert. Es blieb freilich ein Land, das durch zwei nebeneinander bestehende ganz unterschiedliche Herrschaftsstrukturen gekennzeichnet war, wie der schottische Historiker Michael Lynch hervorgehoben hat: «Jacobean Scotland was a dual-purpose kingdom: an old feudal realm of regalities [adliger Hoheitsrechte] and heritable jurisdictions [erbliche Jurisdiktionsrechte des Adels], with its focus in a parliament which was, as James himself said, the ‹chief court› of tenants-in-chief of the king, ran side by side with a new more centralised state structure imposing direct taxation.» (Lynch, Scotland: A New History, S. 236 f)

Daß in Schottland die traditionellen Eliten am Ende auch wegen dieser neuen Machtstrukturen mit einer gewissen Skepsis auf einen Herrscher blickten, der sein Heimatland nur noch einmal nach 1603 wieder besuchte, ist freilich richtig, zumal Jakob VI. versuchte, seinen Willen auch gegen starken Widerstand durchzusetzen, dabei aber den Kontakt zu seinen schottischen Untertanen mit Ausnahme weniger Höflinge zunehmend verlor. Umgekehrt waren die Reibungsverluste, die sich aus der zum Teil komplizierten Kommunikation zwischen dem Hof Jakobs I. und seiner schottischen Heimat nach 1603 ergaben, zunächst nicht größer als die entsprechenden Spannungen zwischen Zentrum und Peripherie in anderen dynastischen Großreichen des frühen 17. Jahrhunderts.

II. Die Stuarts als Könige von England, Schottland und Irland 1603–1660

Das Reich Jakobs I. als dynastische Union von Einzelstaaten nach 1603

Als Jakob VI. von Schottland im März 1603 als Jakob I. die Nachfolge Elisabeths I. als Herrscher über England und Irland antrat, war dies auch die Verwirklichung eines lang gehegten Traums von dynastischer Größe. Die Stuarts waren im späten Mittelalter und im 16. Jahrhundert keine unbedeutende Dynastie gewesen, aber erst mit dem Erwerb der englischen Krone wurden sie wirklich auf Dauer zu einem Herrscherhaus von gesamteuropäischer Bedeutung. Wie die meisten Herrscher dieser Epoche und ähnlich wie seine Vorfahren, die seit dem späten 15. Jahrhundert immer wieder versucht hatten, Schottland unter den großen europäischen Monarchien zu etablieren, dachte auch Jakob VI./I. stark in dynastischen Kategorien. Wenn er in späteren Jahren nachdrücklich das Projekt einer Ehe zwischen seinem Sohn und Nachfolger und einer spanischen Prinzessin verfolgte, dann war das auch der Versuch, den Stuarts endgültig Anerkennung von seiten der mächtigsten Dynastie Europas, der Habsburger, zu verschaffen, unabhängig von allen darüber hinausgehenden Plänen für einen umfassenden überkonfessionellen europäischen Frieden. Die dynastischen Ehepläne Jakobs für seine Kinder lagen allerdings 1603 noch in weiter Zukunft. Zunächst galt es sich den Problemen zu stellen, die seine Vorgängerin ihm hinterlassen hatte. Elisabeths Regierungszeit sollte schon im Abstand von zwei oder drei Jahrzehnten als eine Art goldenes Zeitalter erscheinen. In ihren letzten Regierungsjahren hatten dies viele ihrer einfachen Untertanen freilich anders gesehen. Elisabeth hatte viele Probleme eher dilatorisch behandelt, statt sie zu lösen. So hatte sie nie einen wirklichen Versuch unternommen, die strukturellen Finanzprobleme der englischen

Krone anzugehen. Durch allerlei Notbehelfe entging Elisabeth der Finanzkrise immer wieder, aber es war klar, daß ihr Nachfolger sich der Notwendigkeit zu strukturellen Reformen nicht so leicht würde entziehen können.

Ein zweites Problem hatte in den letzten zehn Regierungsjahren der Königin immer bedrohlichere Dimensionen angenommen; es war die Instabilität der englischen Herrschaft in Irland. Ein Aufstand, der hier in den frühen 1590er Jahren ausgebrochen war, konnte erst nach neun Jahren mit enormen finanziellen und militärischen Kosten niedergeworfen werden. Irland blieb jedoch ein Land, in dem die Reformation – einstweilen – gescheitert war und dessen Loyalität gegenüber einer protestantischen Monarchie schon deshalb als zweifelhaft gelten mußte. Im Falle eines Krieges konnten hier leicht spanische Truppen landen und England selbst bedrohen.

Als Jakob I. die Herrschaft antrat, war der Krieg in Irland freilich soeben durch einen Friedensschluß beendet worden. Dennoch sah sich der König stärker als seine Vorgänger mit dem Problem konfrontiert, ein dynastisches Großreich zu regieren, das sich aus drei sehr unterschiedlichen Königreichen – England, Schottland und Irland – zusammensetzte. Die englische Herrschaft in Irland bestand zwar schon seit dem 12. Jahrhundert, aber erst unter Elisabeth I. wurde die Unterwerfung der gesamten Insel wirklich abgeschlossen. Die Einigung des vorher zersplitterten Landes unter englischer Herrschaft gab ihm innerhalb der gesamten Monarchie ein größeres Gewicht, als es im Spätmittelalter die relativ wenigen englischen Besitzungen an der Küste und im Südosten des Landes besessen hatten. Irland war freilich ein Herrschaftsgebiet der englischen Krone und kein selbständiges Königreich, regiert wurde es von einem Statthalter, den der König einsetzte.

Ganz anders war die Lage im Blick auf Schottland, das nach 1603 eigentlich nur durch eine Personalunion mit England verbunden war, eine institutionelle Verbindung zwischen den beiden Königreichen gab es im Prinzip nicht. Solche Personalunionen, die sich im Laufe einer längeren Zeit auch verfestigen konnten, waren im Europa des frühen 17. Jahrhunderts nichts

Abb. 1 Jakob I. mit seinem Sohn Heinrich, Prinz von Wales,
Kupferstich von Willem van de Passe, 1621

Ungewöhnliches. Man spricht etwa mit Blick auf die österreichische Habsburgermonarchie und Spanien, aber auch auf Dänemark-Norwegen (zu dem auch Schleswig und Holstein gehörten) von monarchischen Unionen von Ständestaaten oder von «composite monarchies». Diesem Typus von Monarchie entsprach nun auch das Reich der Stuarts, das deutlich heterogener war als das Herrschaftsgebiet der Tudors im 16. Jahrhundert.

Schottland behielt nach 1603 alle Rechte eines eigenständigen Königreiches, mit einem eigenen Parlament, einem eigenen Rechtssystem und einer eigenen Kirchenverfassung. Nicht einmal in allen Grundfragen des kirchlichen Bekenntnisses stimmten die Kirk of Scotland und die Church of England wirklich überein. Schon diese Gegensätze konnten innerhalb eines dynastischen Großreiches leicht zu Konflikten führen, hinzutrat aber der Umstand, daß Engländer und Schotten seit dem späten Mittelalter traditionell verfeindet waren. Zwar lagen 1603 die letzten großen militärischen Auseinandersetzungen schon 50 Jahre zurück, aber an der Grenze wurde im späten 16. Jahrhundert immer noch ein ständiger Kleinkrieg geführt, der mit Plünderungen und Viehdiebstählen einherging. Entsprechend unpopulär waren die schottischen Adligen, die den neuen König 1603 nach England begleiteten. Jakob I. hatte seinen Hofstaat bewußt so bestimmt, daß seine unmittelbare Umgebung überwiegend aus Schotten bestand, die die meisten Kammerherren (Gentlemen of the Bedchamber) stellten. Ihm war aber bewußt, daß eine Integration der beiden Länder über den Hof allein nicht ausreichen würde. Seine politische Vision war eine staatsrechtliche Union, mit einem gemeinsamen Parlament, und einer zumindest schrittweisen Angleichung der Rechtssysteme ebenso wie der beiden Kirchen. Das war ein sehr ehrgeiziger Plan, der am ehesten noch in Schottland selber Unterstützung fand. Hier versprach man sich von der Union mit England vor allem auch wirtschaftliche Vorteile, denn Schottland war sehr viel ärmer als England.

Weitaus skeptischer, ja feindseliger war die Reaktion in England und im englischen Parlament. Man befürchtete, eine staatliche Union mit Schottland werde gewissermaßen einen ganz neuen Staat schaffen, in dem das englische Common Law und die ererbten Freiheitsrechte der Engländer dann keine Gültigkeit mehr hätten. Auch die Furcht vor einer Masseneinwanderung bettelarmer Schotten nach England spielte eine gewisse Rolle. Jedenfalls sah sich der König im Parlament mit der Forderung konfrontiert, Schottland einfach an England anzuschließen – unter Übernahme aller wichtigen Institutionen des englischen Staates. Das war nun wiederum in Schottland nicht akzeptabel, und der König empfand solche Vorschläge als Provokation, zumal sich die Schottenfeindschaft der Engländer ja implizit auch gegen die Stuarts als Dynastie richtete. 1607 gab er nach einer stürmischen Parlamentssitzung alle weiteren Versuche, seine beiden Königreiche zu verbinden, verbittert auf. Er regierte seine Heimat, von einem einzigen Besuch (1617) abgesehen, aus der Ferne und dies nicht ohne Erfolg. Allerdings geriet er in Versuchung, die Abneigung der Schotten gegen bestimmte Maßnahmen besonders auf kirchlichem Gebiet zu unterschätzen. Sein Versuch, in den Jahren 1618–21 die Liturgie der schottischen Kirche zumindest in einzelnen Punkten der englischen anzunähern und die calvinistische Ritualfeindlichkeit abzumildern, stieß auf zum Teil erbitterten Widerstand. Deutlich ist jedenfalls, daß das Scheitern der Unionspläne den Keim für spätere Konflikte legte, die dann in den späten 1630er Jahren zum Zusammenbruch der Stuart-Monarchie beitragen sollten.

Kompliziert war auch die Lage in Irland. Als Schotten stießen die Stuarts unter der gälischen Bevölkerung hier allerdings auf geringere Vorbehalte als die englischen Tudors. Namentlich zwischen Ulster und dem Westen Schottlands hatte es von jeher enge Verbindungen gegeben, auch in Form von starken Migrationsbewegungen. Gerade Ulster hatte sich Jakob allerdings auch als Experimentierfeld für ein großes Kolonisierungsunternehmen ausersehen. Als 1608 die beiden größten gälischen Magnaten Ulsters, der Earl of Tyrone und der Earl of Tyrconnel, nach Spanien flohen, um der Gefahr eines Hochverratsprozesses zu entgehen, nutzte Jakob I. diese Chance, um in großem Stil Land zu enteignen. Die ansässige irische Bevölkerung wurde zwar in den Jahren 1608–1612 nicht aus Ulster vertrieben, aber doch auf die schlechteren Böden abgedrängt oder genötigt, sich mit recht ungünstigen Pachtverträgen zufriedenzugeben. Das bessere Land wurde an Siedler aus England und Schottland vergeben, die denjenigen Teil Irlands, der bisher am wenigsten von England kontrolliert und geprägt gewesen war, «zivilisieren» sollten. Das Konzept ging nicht ganz auf, weil zu wenige Engländer bereit waren, sich im rauhen Ulster niederzulassen – die Schotten folgten dem Aufruf, nach Ulster zu ziehen, eher –, aber dennoch war Ulster als erste gemeinsame Kolonie Schottlands und Englands von wegweisender Bedeutung. Hier zeigte sich zum ersten Mal die überproportional starke Beteiligung von Schotten an englischen Kolonialunternehmungen, die dann vor allem seit dem 18. Jahrhundert das britische Empire prägen sollte und bis ins zweite Drittel des 20. Jahrhunderts ein wesentliches Fundament für ein gemeinsames britisches Nationalbewußtsein darstellte.

In Irland selbst schuf die Kolonialisierung Ulsters allerdings auch neue Probleme, denn durch die großangelegte Enteignung einheimischer Landbesitzer entstand eine Gruppe von Depossedierten, die nur auf den geeigneten Moment warteten, um ihren früheren Besitz zurückzufordern. Zudem erstarkte in Irland unter Jakob I. die katholische Kirche, obwohl das Land offiziell protestantisch war. Bald hatte fast jedes Bistum wieder seinen eigenen katholischen Bischof, mochte dieser auch im Verborgenen seines Amtes walten. Dafür gab es in keinem anderen europäischen Land, das von einem protestantischen Monarchen oder protestantischen Ständen regiert wurde, ein Beispiel, nicht einmal in den relativ toleranten Niederlanden mit ihrer großen katholischen Bevölkerung. Wie loyal diese irischen Katholiken wirklich waren, von denen viele, namentlich in den Städten, auch von den englischen Siedlern des Mittelalters abstammten, blieb freilich zweifelhaft.

Die Politik der fiskalischen Notbehelfe und die Favoritenherrschaft am englischen Hof

Auf die unbedingte Loyalität seiner Untertanen konnte Jakob I. freilich auch in England nicht rechnen. Einige militante Katholiken hatten im November 1605 sogar versucht, den König mit dem gesamten Parlament in die Luft zu sprengen. Sie hatten dabei offenbar auch auf die Schottenfeindschaft vieler Engländer spekuliert. Der Gunpowder Plot wurde rechtzeitig am 5. November aufgedeckt und trotz einer stärkeren Katholikenverfolgung, die nun begann, setzte Jakob weiter darauf, die politisch loyalen Katholiken, die nur in Glaubensdingen von der offiziellen konfessionellen Linie abwichen, von den Extremisten zu trennen und an sich zu binden. Gewisse Erfolge waren hier auch zu verzeichnen. Schwieriger gestaltete sich jedoch das Verhältnis zum englischen Parlament, besonders zum Unterhaus. Jakob I. neigte dazu, die Abgeordneten mit vollmundigen Erklärungen über die sakralen Grundlagen königlicher Herrschaft zu brüskieren, die jede Diskussion über die Grenzen dieser Autorität geradezu zum Sakrileg machten. Grundsätzlich richteten sich solche Reden und auch die entsprechenden staatstheoretischen Schriften des Königs vor allem gegen die Vertreter eines religiös legitimierten Widerstandsrechts. Wenige Parlamentsmitglieder hätten in diesen Jahren gezögert, ein solches Widerstandsrecht selber abzulehnen. Problematischer war, daß der König aus solchen theoretischen Erwägungen die Konsequenz zog, daß alle Zugeständnisse, die ein Herrscher seinen Untertanen machte, eigentlich nicht mehr waren als Privilegien, die notfalls auch einseitig wieder aufgehoben werden konnten. Dies warf ein problematisches Licht auf die Bereitschaft Jakobs I., mit dem Parlament Kompromisse zu schließen.

An diesem Mißtrauen gegenüber dem König scheiterte dann auch u. a. der Versuch, 1610 die Staatsfinanzen auf eine solidere Grundlage zu stellen. Die Krone hätte ein festes Einkommen aus dauerhaft bewilligten Steuern auch in Friedenszeiten erhalten, während sie dafür auf mancherlei feudale Hoheitsrechte, die zwar einträglich waren, aber vor allem die landbesitzende

Oberschicht belasteten, für immer verzichtete. Dieser sogenannte Great Contract kam jedoch nicht zustande, und als im
Dezember 1610 die Sitzungsperiode des Parlaments, das der
König bald darauf auflöste, endete, begann damit faktisch eine
lange, über zehnjährige Periode, in der er ganz ohne die Ständeversammlung regierte. Er mußte nun von jenen Einkünften leben, über die die Krone auch ohne das Parlament verfügen
konnte. Das war nicht einfach, und die Minister des Königs
griffen zu zahlreichen Notbehelfen. Dazu gehörte der Verkauf
von Adelstiteln ebenso wie die Verpachtung von staatlichen Hoheitsrechten – etwa die Vergabe von Schanklizenzen an Wirts-
häuser – an Privatpersonen oder die Begründung von Handels-
monopolen für bestimmte Waren.

Zugleich begann nach 1612, als der wichtigste Berater und
Minister des Königs, Robert Cecil Earl of Salisbury, gestorben
war, am Hof ein ungehemmtes Favoritenregiment. Zunächst war
es ein Landsmann des Königs, Robert Carr, der später den Titel
eines Earl of Somerset erhielt, der den Hof dominierte. Jakob I.
hatte deutliche homoerotische Neigungen, und seine Zuneigung
zu Carr war zunächst überschwenglich. Das hinderte diesen
nicht daran, 1613 die erotisch-attraktivste Frau am Hofe, Frances
Howard, zu heiraten. Leider war Frances bereits mit einem anderen Mann verheiratet, dem Earl of Essex, doch unter dem Druck
des Königs erklärte eine Kommission von Theologen die Ehe für
aufgelöst, da sie nie vollzogen worden sei. Der gedemütigte Essex wurde 30 Jahre später Kommandeur der Armee des Parlaments, die gegen Karl I. kämpfte. Auch ein Freund Carrs, ein
Mann namens Overbury, der versucht hatte, die Ehe zu verhindern, sei es aus Eifersucht, sei es, weil er seinen Einfluß schwin-
den sah, mußte aus dem Weg geräumt werden. Er fand sich im
Tower wieder, wo er einige Monate später starb. Viele sollten
später glauben, daß Frances Howard ihn hatte vergiften lassen.
Carrs Aufstieg sollte jedenfalls schon rasch enden. Er machte den
Fehler, den König zu gängeln. 1616 wurde ihm und seiner Frau
wegen der Ermordung Overburys der Prozeß gemacht. Zum
Tode verurteilt, wurden die beiden begnadigt und 1621 nach
fünf Jahren Haft aus dem Tower entlassen, mußten den Hof aber

meiden. Der Giftmordprozeß hatte einen ungeheuren Skandal ausgelöst, zumal man hinter dem Komplott, wie in solchen Fällen üblich, eine katholische Verschwörung vermutete.

Das Element der Homoerotik respektive Homosexualität, das in den Beziehungen zwischen dem König und Carr relativ eindeutig eine Rolle gespielt hatte, ließ sich gut in die Vorstellung von einer katholischen Verschwörung einfügen, denn Sodomie – homosexueller Geschlechtsverkehr in der Begrifflichkeit der Zeit – galt strengen Protestanten als eine typisch katholische Perversität und Sünde. Daß auf Carr, den offenbar bisexuellen Mann einer katholischen oder kryptokatholischen Giftmörderin, ein weiterer Favorit folgte, George Villiers, der die besonders intensive Zuneigung des Königs genoß, mußte erneut die Besorgnis wecken, die Sittenlosigkeit des Hofes sei auch eine Gefahr für die Freiheit Englands und die protestantische Kirche.

Villiers war ein auffällig attraktiver junger Mann und einer der besten Tänzer bei Hof. Er stammte aus einer alten, aber verarmten Adelsfamilie. Als Gentleman of the Bedchamber und Oberststallmeister hatte er nicht nur beständig Zugang zum König, sondern konnte auch anderen diesen Zugang verwehren. Rasch stieg er in den Hochadel auf und erhielt schließlich die Titel eines Marquess (1621) und eines Duke of Buckingham (1623). Er dominierte vor allem die Vergabe von Vergünstigungen und Ämtern durch den König, also das Patronagegeschäft. Erst nach 1618 wurde er als Lord Admiral auch Befehlshaber der Flotte. Damit wurde auch sein Einfluß in der Politik insgesamt nahezu dominant. Schon vorher gab es freilich kaum einen Verwandten Buckinghams, der nicht irgendwie vom Aufstieg des Favoriten profitierte. Schon dies schuf Animositäten, die durch den extravaganten Lebensstil des Favoriten noch verstärkt wurden. Daß es Buckingham dennoch gelang, sich in seiner Position bis 1628, über den Tod Jakobs I. hinaus, zu behaupten, spricht für sein politisches Geschick, war aber auch ein Hauptgrund für das Mißtrauen gegenüber dem Hof, das sich in den Parlamenten der 1620er Jahre immer wieder artikulieren sollte.

Finanzpolitisch und mit Blick auf das Ansehen des Hofes können die Jahre 1610 bis 1621 als Krisenjahre erscheinen, aber Jakob I. hatte in dieser Zeit auch Erfolge zu verzeichnen. Außenpolitisch hatte sich die Lage in Europa durch die Ermordung Heinrichs IV. von Frankreich (1610) verändert. Die deutschen Protestanten, die bis dahin auf den Bourbonen als Protektor gesetzt hatten – obwohl dieser selber schon 1593 Katholik geworden war –, mußten sich nun einen anderen Schutzpatron suchen und fanden diesen in Jakob I. Anfang 1613 heiratete seine Tochter Elisabeth (1596–1662) den Kurfürsten von der Pfalz, Friedrich V., der an der Spitze eines protestantischen Bündnisses in Deutschland stand und sich als Calvinist in einem starken Gegensatz zu den Habsburgern, aber auch zu den katholischen Fürsten im Reich befand. Jakob I. lag es allerdings fern, auf diese Weise die Führung des antispanischen Lagers in Europa zu übernehmen, eher wollte er seine Position stärken, um auf dieser Basis seine Politik eines Ausgleichs mit Spanien zu einem dauerhaften Erfolg zu führen, möglicherweise besiegelt durch eine Heirat des englischen Thronfolgers Karl (1600–1649) (sein älterer Bruder Heinrich war 1612 gestorben) mit einer spanischen Prinzessin. Ganz aussichtslos war eine solche Politik nicht, denn Spanien verfolgte in diesen Jahren eher eine defensive Politik und suchte im protestantischen Lager nach Verbündeten für diesen Kurs, und eben darauf setzte Jakob I.

Schließlich gelang es Jakob auch, die Church of England zu konsolidieren. Einerseits hatte er sich nach 1603 bemüht, die radikalen Puritaner, die die bisherige Kirchenverfassung und die Kompromisse mit der vorreformatorischen Tradition, die diese Kirche prägten, pauschal ablehnten, zu marginalisieren, andererseits blieb für eher gemäßigte Puritaner doch genug Raum in der Kirche. Das zeigte auch die Ernennung des Theologen George Abbot zum Erzbischof von Canterbury 1611. Abbot verstand sich durchaus als Calvinist und sah im Papst den Antichrist, den großen Widersacher Christi im Endkampf zwischen Licht und Finsternis, war aber dennoch bereit, die bestehende Struktur der Church of England, die manche radikalere Protestanten befremdete, zu akzeptieren. Selber theologisch calvinistisch geprägt, war der König, der nichts so genoß wie eine gelehrte Auseinandersetzung mit den Jesuiten, auch weitgehend über den Verdacht erhaben, persönlich starke Sympathien für den Katholizismus zu besitzen. Erst der Ausbruch des Krieges auf dem Kontinent 1618 und die Neutralitätspolitik, die Jakob daraufhin verfolgte, warfen auch hier manche Fragen auf und zerstörten den kirchenpolitischen Konsens, der in den Jahren zuvor die Lage in der Church of England geprägt hatte.

Die letzten Lebensjahre Jakobs I.

Der Ausbruch des Dreißigjährigen Krieges in Mitteleuropa 1618 betraf England zwar nicht unmittelbar, aber sehr wohl mittelbar. Zum einen hatte der Schwiegersohn Jakobs I., Friedrich von der Pfalz, 1619 den Griff nach der böhmischen Krone gewagt. Er nutzte den Aufstand der böhmischen Stände, um sich selber in Prag zum König krönen zu lassen. Der Habsburger Ferdinand II., der schon Jahre zuvor zum König gewählt worden war und der 1619 die Nachfolge seines Onkels Mathias als Kaiser antrat, war abgesetzt worden. Jakob mißbilligte die Unternehmungen seines Schwiegersohns zutiefst; als jedoch dessen böhmisches Abenteuer in einer Katastrophe endete und er im November 1620 Böhmen verlor, um dann 1621/22 auch noch die Pfalz räumen zu müssen, so daß er fortan als landloser Exulant, von Jakob alimentiert, in den Niederlanden lebte, konnte er dieses Schicksal, das ja auch seine Tochter Elisabeth traf, kaum ganz ignorieren. Die Heiratsallianz von 1613 zeitigte jetzt Folgen, die so nicht vorhersehbar gewesen waren. Aber über das rein Dynastische hinaus hatte der Ausbruch des Krieges auf England auch noch andere Rückwirkungen. Seit 1620 errangen die katholischen Armeen in Europa einen Sieg nach dem anderen. Mit der Kurpfalz und ihren Verbündeten schien auch der Protestantismus selbst im Heiligen Römischen Reich dem Untergang geweiht zu sein. Konnte ein protestantischer englischer Herrscher einer solchen Entwicklung tatenlos zusehen? Mußte er sich nicht an die Spitze einer Koalition stellen, die das päpstliche Rom ebenso bekämpfte wie das Haus Habsburg?

Gerade dies wollte Jakob I., der als Friedensfürst in die Geschichte einzugehen wünschte, nicht. Er förderte daher auch in der englischen Kirche zunehmend jene Geistlichen (die «Ceremonialists» oder «Conformists»), die die Distanz zwischen der Church of England und den kontinentaleuropäischen Protestanten betonten und bereit waren, in Rom eine wahre, wenn auch irrende Kirche zu sehen. Anticalvinistische Theologen dieser Couleur waren auch bereit, eine englische Neutralität im Kampf gegen Spanien zu rechtfertigen, und waren daher als Propagandisten der offiziellen Politik nahezu unentbehrlich.

Der König verfolgte nach 1620 in der Tat intensiver denn je seine Ausgleichspolitik gegenüber Madrid, die er durch eine Heirat des Thronfolgers mit einer spanischen Prinzessin zu besiegeln hoffte – in der Erwartung, die besetzte Pfalz gewissermaßen als Mitgift zu erhalten. Allerdings sollte Spanien auch unter Druck gesetzt werden. Das 1621 wiedereinberufene Parlament sollte eine entsprechende Drohkulisse aufbauen und Rüstungen finanzieren. Dieses Experiment mißlang aber. Die Kriegsbegeisterung des Parlaments ließ sich nicht mehr eindämmen, nachdem man sie provoziert hatte. Ausreichende Steuerbewilligungen gab es dennoch nicht, weil die Abgeordneten und auch viele Mitglieder des Oberhauses dem Kriegswillen des Königs mißtrauten, aber auch weil sie die Kosten eines Krieges drastisch unterschätzten. Im Herbst 1621 wurde das Parlament wieder aufgelöst.

Der König setzte nun erst recht auf die Karte einer direkten Verständigung mit Spanien. Ende 1622 schien der Abschluß der Heiratsverhandlungen mit Madrid unmittelbar bevorzustehen. In dieser Lage entschloß sich der Kronprinz Karl, selber nach Spanien aufzubrechen, um seine Braut heimzuführen. So ein abenteuerliches Unternehmen – Karl reiste incognito durch Frankreich, nur in Begleitung Buckinghams und weniger Diener – entsprach bis zu einem gewissen Grade der Familientradition der Stuarts. Jakob I. war selbst von Schottland aus nach Dänemark aufgebrochen, um sich die Hand der dänischen Prinzessin Anna zu sichern (allerdings mit großem Gefolge), und sein eigener Großvater Jakob V. war vor rund 100 Jahren nach Frankreich gereist, um Madeleine Valois zu heiraten. Freilich hatten bei diesen Heiratsverbindungen konfessionelle Probleme keine Rolle gespielt. 1622–23 lagen die Dinge anders; Karl hätte klar sein müssen, daß eine Reise nach Spanien in Madrid, aber auch in England als Auftakt zu einer Konversion zum Katholizismus verstanden werden mußte.

Durch seine Reise nach Spanien, zu der er im Februar 1623 zusammen mit Buckingham aufbrach, machte sich der Kronprinz zur Geisel des spanischen Hofes und steigerte die Besorgnis über ein Ausscheren Englands aus dem protestantischen Lager in allen drei Stuart-Königreichen, zumal gleichzeitig die Strafgesetze gegen Katholiken in England faktisch außer Kraft gesetzt wurden. Zweifellos war die Reise seine Idee, nicht die seines sehr viel vorsichtigeren, wenn auch außenpolitisch zu diesem Zeitpunkt zunehmend hilflos wirkenden Vaters. Allerdings brachte Jakob I. auch nicht die Kraft auf, die Reise zu verhindern.

Als Karl und Buckingham im Herbst 1623 nach rund sieben Monaten Abwesenheit endlich die Heimreise gelang – es war mittlerweile deutlich geworden, daß die Forderungen der Spanier kaum erfüllbar waren und diese auch gar nicht in der Lage waren, im Gegenzug die Rückgabe der Pfalz an Friedrich V. zu garantieren –, war die Gefahr einer Konversion des Thronfolgers zwar gebannt, aber dafür steuerte dieser, der sich durch die Spanier gedemütigt fühlte, nun auf einen Krieg gegen die Habsburger zu. Sein Vater leistete hinhaltenden Widerstand, konnte aber nicht verhindern, daß das 1624 einberufene Parlament ganz im Zeichen der Kriegsvorbereitungen stand. Das Parlament bewilligte diesmal mehr Steuern als 1621, stellte aber auch den königlichen Schatzmeister Cranfield unter Anklage, der seines Amtes enthoben und zu einer hohen Strafe verurteilt wurde; Cranfield war ein Gegner der Kriegspolitik. In seinem letzten Lebensjahr entglitt Jakob I. immer mehr das Heft des Handelns. Es war deutlich, daß ein Krieg mit Spanien nicht mehr zu verhindern war, auch wenn es zu Lebzeiten des Königs zu keiner direkten militärischen Konfrontation mehr kam. Zugleich war die Regierungszeit seines Sohnes von Anfang an mit einer Hypothek belastet. Man erwartete von ihm einen siegreichen Krieg gegen Spanien, mißtraute ihm aber auch, da er doch offenbar bereit gewesen war, im Heimatland der Inquisition eine spanische Katholikin zu heiraten.

Jakob I. selbst wurde, als er im März 1625 starb, von seinem Lordkanzler, dem Bischof Williams, als britischer Salomon, als weiser Friedensfürst gefeiert. Die Realität sah in vielen Bereichen anders aus. Der König stand vor seinem Tod politisch am Rande des Scheiterns. Allerdings sollte dies die Erfolge, die er nach 1603 zunächst errang, nicht ganz verdunkeln. Als Repräsentant einer Dynastie, die aus einem Land stammte, dessen Bewohner in England weitgehend verachtet wurden, war es schon eine Leistung, als Herrscher akzeptiert zu werden. Akzeptiert wurden die Stuarts um 1620 sicherlich. Erschüttert wurde das Vertrauen in die neue Dynastie allerdings durch die zweideutige Haltung gegenüber den großen katholischen Mächten Kontinentaleuropas. Namentlich die spanische Brautfahrt des Thronfolgers im Jahre 1623 schuf ein enormes Mißtrauen, das auch in den folgenden Jahren nicht mehr ganz abgebaut werden konnte. Dieses Mißtrauen sollte die Stuarts über Jahrzehnte hinweg begleiten, letztlich von 1623 bis 1714, und so wie man 1623 auf Elisabeth Stuart, die zeitweilige Königin von Böhmen, und ihre Kinder als Retter der Protestantismus blickte, so 1678 auf den illegitimen Sohn Karls II., den Herzog von Monmouth, und 1688 auf Wilhelm III. von Oranien, den Schwiegersohn Jakobs II. und Abkömmling Karls I., und schließlich 1714 auf Georg Ludwig von Hannover, den Enkel Elisabeth Stuarts.

Karl I.: Selbstdarstellung und Selbstverständnis

Karl I. (geb. 19.11.1600) der im März 1625 die Nachfolge seines Vaters antrat, war der erste europäische Monarch, der nach einem förmlichen Prozeß von seinen Untertanen hingerichtet wurde (30. Januar 1649). Zwar starb schon seine Großmutter Maria Stuart durch den Henker, aber sie wurde in England im Namen einer fremden Königin verurteilt und hingerichtet. Es liegt nahe, das Leben und die Regierungszeit Karls I. von ihrem

Abb. 2 König Karl I. und Henrietta Maria,
Kupferstich von Robert van Voerst nach Sir Anthonis van Dyck, 1634

Ende her zu betrachten und auch noch die scheinbaren Erfolge
der 1630er Jahre als eine Vorwegnahme des späteren Scheiterns
anzusehen. Dies wäre jedoch eine recht einseitige Perspektive.
Denn auch, wenn nicht zu leugnen ist, daß Karl weder die Krise
des Bürgerkrieges abwenden, noch den Sieg des Parlaments in
diesem Krieg verhindern konnte, stellte England zwischen
1629/30 und 1638 doch eine Oase des Friedens inmitten einer
Welt dar, die durch Krieg, Revolten, Hunger und Katastrophen
geprägt war.

Die englische Hofkultur erlebte in den anderthalb Jahrzehnten vor dem Bürgerkrieg überdies eine ihrer größten Blütezei-
ten. Gerade im Vergleich zu der Zeit vor 1625 war auffällig, wie
nachdrücklich es England jetzt gelang, dank der vermittelnden
Rolle des Hofes auch in den bildenden Künsten, die im späten
16. Jahrhundert selten über ein eher provinzielles Niveau hin-
ausgelangten, den Anschluß an die großen kulturellen Zentren
des Kontinents wie Rom, Madrid und Antwerpen – den Ort, an

dem der Maler Rubens wirkte – zu finden. In der Architektur wurde die venezianische Baukunst des späten 16. Jahrhunderts, wie sie von Andrea Palladio zur Vollendung geführt worden war, für England zum Vorbild. Am Hofe wirkte aber auch der flämische Maler Anthonis van Dyck, dessen Porträts zur Verkörperung aristokratischer Selbstinszenierung und lässiger Eleganz wurden. Man ist versucht zu meinen, daß sein Stil nicht nur die englische Porträtmalerei der beiden folgenden Jahrhunderte geprägt habe, sondern sogar den Habitus der englischen Aristokratie selber. Karl I. selber verkörperte auf vollkommene Weise diese aristokratische Lebenshaltung; sehr viel stärker als sein Vater, dessen Neigung, sich als Gelehrter, Theologe und Poet zu inszenieren in Kombination mit seinem wenig gepflegten Äußeren und mit den oft chaotischen Verhältnissen an seinem Hof, eher den Eindruck einer gewissen Würdelosigkeit hervorrief.

Allerdings stellt sich natürlich die Frage, ob es möglich war, das kulturelle und symbolische Kapital, das der König durch seine höfische Selbstinszenierung generierte, auch in politischen Kredit und in Autorität umzusetzen. Blickt man auf die Krise, die 1639–42 in den Bürgerkrieg führte, wird man geneigt sein, dies zu verneinen. Allerdings, noch in der Niederlage schuf Karl I. am Ende die Grundlage für einen stark anglikanisch oder – in Schottland – episkopal geprägten Royalismus, der sich nach 1660 durchaus als starke und überlebensfähige politische Kraft erwies. Aus ihm gingen im späten 17. Jahrhundert nicht nur die Tories als Bewegung und Partei hervor, sondern nach 1714 auch der Jakobitismus, der sich von der Sehnsucht nach der Herrschaft der Stuarts leiten ließ. Das aber, was an dieser Herrschaft glanzvoll und majestätisch war und Würde noch im Untergang zeigte, das verband sich vor allem mit dem Namen Karls I., sehr viel weniger mit den skandalträchtigen Regierungen seines Vaters oder der seiner Söhne. So hat Karl I. das Bild der Stuarts als Dynastie wohl stärker geprägt als jeder andere englische König aus diesem Geschlecht. Noch nach der Thronbesteigung der Hannoveraner 1714 sang man in englischen Kirchen am 30. Januar (dem Tag der Hinrichtung Karls I.) Lieder, die die Erinnerung an den «blessed King and Martyr» wachhielten. So wenig Geschick Karl I. als Herrscher über seine drei Königreiche zeigte, so überzeugend spielte er seine Rolle als zentrale Figur eines glänzenden Hofes und später als Führer der royalistischen Partei im Bürgerkrieg und am Ende auch als Glaubenszeuge für eine Kirche, die auf ihre Weise das Bekenntnis zur Reformation mit der Treue zur altkirchlichen Tradition zu verbinden suchte, auch wenn er gerade diese konfessionelle Rolle erst im Tode ganz ohne Vorbehalte übernahm.

Die späten 1620er Jahre

Damit ist den Ereignissen freilich vorgegriffen. Als Karl I. 1625 das Erbe seine Vaters antrat, zeichneten sich die Probleme der späteren Regierungsjahre anfangs nur in Ansätzen ab, obwohl zwischen Herrscher und Unterhaus rasch Spannungen auftraten. England befand sich 1625 auf dem Weg in einen Krieg gegen Spanien. Es war ein Krieg, den Karl selber, als er noch Kronprinz war, bewußt seinem Vater aufgezwungen hatte – gestützt auf das Parlament. Allerdings blieb es trotz des Rückhalts, den ein Krieg 1624 beim Parlament gefunden hatte, unklar, ob das Unterhaus bereit war, auch genügend Mittel für den Kampf zur Verfügung zu stellen, zumal viele sich der Illusion hingaben, ein Seekrieg würde sich mehr oder weniger selber finanzieren, wie das angeblich zur Zeit Elisabeths I. der Fall gewesen war. Dazu trat ein tiefes Mißtrauen gegen den Umgang der Krone mit Geld, das in der Vergangenheit allzu oft in die Taschen der Höflinge geflossen war. Karl stieß aber auch sonst auf Vorbehalte, die vor allem auf seine Heirat mit einer französischen Prinzessin zurückgingen. 1625 nahm Karl Henriette Marie de France, die Schwester des französischen Königs Ludwig XIII., zur Frau. Zwar galt der französische Katholizismus in England, im Vergleich zum spanischen, als gemäßigter und weniger intolerant, aber dennoch warf eine solche Heirat die Frage nach der Konfession der zukünftigen Kinder des Königs auf. Konnte ein Herrscher, der der Ehemann einer Katholikin war, wirklich einen Kreuzzug gegen die «Hure Babylon», also gegen das päpstliche Rom führen? Das erschien zweifelhaft. Das geplante Bündnis mit Frankreich, das durch die Heirat zementiert werden sollte, kam überdies nie wirklich zustande. Löste schon diese Heirat in England eine starke Mißstimmung aus, so galt dies auch für die fehlende Bereitschaft des Königs, im ersten Jahr seiner Regierung eine ganze Reihe von Mißständen zu beseitigen, wie etwa die laxe Handhabung der Gesetze gegen Katholiken. Für Karl hatte der Krieg Priorität; für lange Debatten über verletzte Freiheitsrechte, über den Mißbrauch von Vollmachten durch seine Amtsträger oder über die angeblich überall – letztlich ja sogar im königlichen Ehebett – präsenten und einflußreichen Agenten Roms, war keine Zeit.

Während Karl I. damit die Erwartungen breiterer Bevölkerungsschichten enttäuschte, sammelten sich zugleich in den Kreisen des Adels die Kritiker des Herzogs von Buckingham, denn der Favorit Jakobs I. hatte sich nach dem Tod des Königs in seiner Position behaupten können. Buckingham war ein Emporkömmling, der bei vielen etablierten Hochadligen verhaßt war, da er sie an die Seite gedrängt hatte. Nur zu gern hätte man ihn nach 1625 zu Fall gebracht, und es ist kaum zu übersehen, daß Gegner des Herzogs am Hof den Kritikern im Unterhaus zuarbeiteten, ja sie sogar steuerten, ganz abgesehen von der Möglichkeit, auch das Oberhaus zu nutzen, um Buckingham anzugreifen.

Der Krieg gegen Spanien, den Karl I. seit 1625 führte, wurde aber nicht nur deshalb zum Mißerfolg, weil in England so viele der Aufrichtigkeit und Konsequenz der Kriegspolitik und der Kompetenz des allmächtigen königlichen Favoriten mißtrauten. Als Problem erwies es sich auch, daß England nach mehr als 20 Jahren des Friedens militärisch den Anschluß an den Kontinent verpaßt hatte. Es sprach auch nicht gerade für die Geschicklichkeit des Königs und seines wichtigsten Ratgebers, daß man sich noch vor Ende des mißlungenen Krieges gegen Spanien in einen Waffengang mit Frankreich hineinziehen ließ. Eigentlich ging es darum, den aufständischen französischen Hugenotten beizustehen. Angesichts der starken Gegensätze zwischen Spanien und den französischen Bourbonen war es allerdings bemerkenswert, sich mit beiden Ländern gleichzeitig einen kriegerischen Konflikt zu leisten. Vom Parlament waren überdies keine Steuerbewilligungen für den Kampf zu erlangen, denn der König war 1626 gezwungen gewesen, die Ständeversammlung aufzulösen, um seinen Favoriten Buckingham vor einer Anklage durch das Unterhaus, einem Impeachment, zu retten. Diese Anklage gegen Amtsträger war seit 1621 schon mehrmals durchaus mit Erfolg eingesetzt worden, aber noch nie gegen einen so engen Vertrauten des Königs, der offensichtlich noch die volle Gunst des Herrschers genoß.

Angesicht der Steuerverweigerung durch das Parlament trieb Karl I. 1626/27 statt dessen eine Zwangsanleihe von seinen Untertanen ein. Im Grunde genommen handelte es sich um eine versteckte Steuer. Um sie zu erheben, wurden lokale Honoratioren und Adlige verhaftet und unter Druck gesetzt. Als man sich 1628 genötigt sah, das Parlament doch noch einmal einzuberufen, unterblieb allerdings die Wiederaufnahme des Impeachment gegen Buckingham. Dafür mußte Karl die Petition of Right bewilligen, die den Untertanen Schutz vor willkürlicher Verhaftung und vor einer nicht parlamentarisch sanktionierten Besteuerung zusicherte. Allerdings war sein Wille, sich an diese Regelung wirklich zu halten, nicht sehr ausgeprägt, während umgekehrt die Kritiker der Politik der Jahre 1625–28 mit den Erfolgen, die sie 1628 errungen hatten, nicht zufrieden waren, sondern einen totalen Kurswechsel bis hin zur Auswechslung der wichtigsten Minister und ihrer Bestrafung verlangten. Buckingham selbst wurde noch 1628 von einem unzufriedenen Offizier umgebracht, zur Genugtuung großer Teile der Bevölkerung. Für den König war dies hingegen ein schwerer Schlag, und er ließ später für Buckingham in der Westminster Abtei in unmittelbarer Nähe der Königsgräber ein prächtiges Grabmal errichten. Schon dies allein war ein Zeichen für die Entfremdung von seinen Untertanen, die diese Ehrung des verhaßten Favoriten nicht nachvollziehen konnten.

Das persönliche Regiment Karls I.
1629–1640

Zwar wurde 1629 das Parlament noch einmal kurz einberufen, nach Tumulten jedoch rasch nach Hause geschickt. Mit Spanien und Frankreich schloß der König rasch Frieden, so daß er damit auf parlamentarische Steuern auch nicht mehr wirklich angewiesen war. Die Ereignisse der Jahre 1626–29 waren sicherlich traumatisch für ihn gewesen und er versuchte die nächsten elf Jahre ganz ohne Parlament auszukommen, was in Friedenszeiten keineswegs unmöglich war. Läßt sich an dieser Haltung erkennen, daß er eine absolute Monarchie anstrebte? Die Forschung hat diesen Begriff in den letzten 20 Jahren kritisch betrachtet. Zu deutlich ist geworden, daß selbst auf dem Kontinent die Herrschaftsform des Absolutismus meist aus einer Reihe von sehr widersprüchlichen Einzelmaßnahmen bestand, die oft den Zweck hatten, fiskalische und administrative Probleme nicht selten in einer Situation zu lösen, die faktisch einem Ausnahmezustand glich.

Karl I. war aber nach 1629 sicherlich davon überzeugt, daß er dem Parlament nur noch aus einer Position der Stärke gegenübertreten konnte, wenn er nicht seine Autorität ganz verlieren wollte. Die Mitglieder des Parlaments, vor allem das Unterhaus, hatten sich in seinen Augen als eine Ansammlung fanatischer Kleingeister erwiesen, die letztlich nur zu einer zerstörerischen Kritik in der Lage waren, nicht aber dazu, eine konstruktive Politik mitzutragen. Diese Sicht des Königs ist auch im historischen Rückblick durchaus nachvollziehbar, wenn man bedenkt, daß er noch 1625 glaubte, mit seinem Krieg gegen Spanien nur den Wünschen der Unterhausmehrheit zu entsprechen, die so oft zu einem Kampf für die Befreiung der kontinentaleuropäischen Protestanten vom spanischen Joch eingetreten war. Für eine grundsätzliche und dauerhafte Ablehnung einer Wiedereinberufung des Parlaments durch den König nach 1630 spricht aber nur wenig, zumal er in Irland und Schottland durchaus Ständeversammlungen abhielt, die sich freilich dort sehr viel leichter lenken ließen. Außerdem war klar, daß es im Kriegsfall auch in England nahezu unmöglich sein würde, ohne das Parlament auszukommen.

In der Zwischenzeit galt es freilich, die Autorität der Krone, soweit es ging, zu stärken und vor allem zusätzliche finanzielle Ressourcen zu mobilisieren. Durch seine Kronjuristen ließ Karl I. nach einträglichen Hoheitsrechten fahnden, die in Vergessenheit geraten waren, die man aber reaktivieren konnte. Landbesitzer, die umgeben von weiten Getreidefeldern in ihrem Schloß lebten, erfuhren plötzlich, daß sich ihr Anwesen inmitten eines königlichen Forstes befand, dessen Grenzen vielleicht im 12. Jahrhundert festgelegt worden waren, und daher eigentlich eingeebnet werden mußte, und Städte, die keinen Hafen besaßen, sahen sich mit der Aufforderung konfrontiert, für die Flotte des Königs Schiffe zu stellen, da ein Angriff einer feindlichen Armada unmittelbar bevorstehe, den freilich nur der König selbst erahnen konnte. Da war es ein geringer Trost, daß man alle Rechtsansprüche des Königs durch Geldzahlungen in beträchtlicher Höhe abgelten konnte.

Plötzlich erfuhren die Untertanen, daß das Common Law, das Palladium der englischen Freiheit, sie vor solchen Forderungen nicht wirklich zu schützen vermochte. Im Gegenteil, eine königstreue Richterschaft vorausgesetzt, ließ sich das Common Law sehr gut einsetzen, um Einkünfte und Autorität der Krone immer weiter zu steigern. Es war nur allzu einfach, auf mittelalterliche Rechtstitel zurückzugreifen, zumal eines seiner wesentlichen Grundprinzipien die Maxime «nullum tempus occurit regi» (die Rechtsansprüche des Königs verjähren niemals) war. Allerdings hatte umgekehrt auch das Unterhaus in den 1620er Jahren die Magna Charta von 1215 und eine ganze Reihe von eigentlich obsoleten mittelalterlichen Gesetzen angeführt, um seinen Forderungen Nachdruck zu verleihen. Das war offenbar ein Spiel, das auch der König spielen konnte. Freilich muß man auch sehen, daß derartige Methoden, wenn auch in weniger radikaler Weise, in Krisenzeiten auch schon unter Elisabeth I. angewandt worden waren, um die Einkünfte der Krone zu steigern. Damals hatte es zwar auch Klagen gegeben, aber der Krieg gegen Spanien hatte am Ende vieles legitimiert. Eine solche Legitimation fehlte in den 1630er Jahren freilich, und die Flotte, die der König mit dem sogenannten Schiffsgeld, einer zweckgebundenen Abgabe zunächst der Hafenstädte, dann auch anderer Orte, aufbaute, wurde allenfalls gegen holländische Fischereigeschwader eingesetzt, die vor der englischen Küste fischen wollten, nicht gegen Spanien, mit dem man vielmehr immer enger zusammenarbeitete.

Noch strittiger als die fiskalischen Maßnahmen der Krone war freilich die Kirchenpolitik des Königs. Hatte schon sein Vater in seinen letzten Regierungsjahren zunehmend jene Theologen protegiert, die sich von streng calvinistischen Positionen entfernten, so verstärkte sich diese Tendenz unter Karl I. Die Neutralitätspolitik, die er nach außen verfolgte, paßte schlecht zum militanten Protestantismus der Puritaner, aber offenbar gab es noch andere Gründe für die Kirchenpolitik des Königs. Das sakrale Element der Königsherrschaft zu betonen war schon für Jakob I. wichtig gewesen, solche Überlegungen traten unter Karl I. aber noch stärker in den Vordergrund.

Der Protestantismus in seiner reformierten Form hatte die Welt in gewisser Weise entzaubert und ließ nur wenig Raum für ein sakrales Herrschertum. Der König war damit, wie es schien, auf jene Legitimationsoptionen angewiesen, die ihm die Anticalvinisten in der englischen Kirche boten. Diese Theologen bemühten sich in der Tat zu zeigen, daß die irdische Königsherrschaft ein Abbild der ewigen Herrschaft Gottes über die Welt war und Rituale des Herrscherkultes wie die Krönung und Salbung daher in Analogie zu kirchlichen Riten wie der Feier der Eucharistie (dem Abendmahl) zu verstehen waren. Der Gottesdienst selber wurde von den Anticalvinisten, an deren Spitze in den 1630er Jahren der von Karl I. eingesetzte Erzbischof von Canterbury, William Laud, stand, sehr viel stärker der vorreformatorischen Liturgie angeglichen. So wie das Geheimnis Gottes seinen Ausdruck in der Liturgie und nicht allein im Wort fand, so die Majestät des Königs in den visuellen Zeichen und Symbolen der Hofkultur.

Diese Symbiose zwischen anticalvinistischer Frömmigkeit und demonstrativer Sakralität des Königtums stieß jedoch bei

den Untertanen auf erheblichen Widerstand. Einerseits war die
Annäherung an katholische Frömmigkeitsformen schwer zu
übersehen, andererseits verband sich die neue Bewegung in der
Kirche mit einem starken Klerikalismus, der Eingriffe von Laien
in den kirchlichen Bereich strikt zurückwies. Lediglich der König, dem, da er gesalbt war, gewissermaßen die Eigenschaften
eines Geistlichen zugeschrieben wurden, stellte hier eine Ausnahme dar, nicht aber jene Landbesitzer, die sich in der Vergangenheit auf Kosten der Kirche bereichert hatten und jetzt noch
Unterordnung und Gehorsam vom Klerus verlangten.

Nun hatte die englische Reformation des 16. Jahrhunderts jedoch eine stark antiklerikale Tendenz gehabt, und es konnte
allzu leicht den Anschein haben, als wolle Erzbischof Laud, der
seine innerkirchlichen Gegner konsequent verfolgte und viele
ins Exil in die Niederlande oder nach Amerika trieb, das Werk
Heinrichs VIII. zerstören. Das Vertrauen zur Politik des Königs,
der ohnehin mit einer Katholikin verheiratet war und an dessen
Hof es nicht wenige Katholiken oder Konvertiten gab, wurde
dadurch dauerhaft unterminiert. Galt das schon für England, so
noch sehr viel stärker für Schottland, wo viele strenge Presbyterianer schon die Amtsgewalt selbst von Bischöfen ablehnten
und dem König auch kein wirkliches Herrschaftsrecht über die
Kirche zubilligten. Es war daher kein Zufall, daß die erste offene Rebellion gegen die Herrschaft Karls I. in Schottland aus-
brach.

Hier hatte Karl I. 1637 eine neue Gottesdienstagende und
Liturgie in Kraft setzen lassen. Die Liturgie orientierte sich am
Vorbild des englischen Book of Common Prayer, war aber eher
noch weniger mit streng calvinistischen Vorstellungen wie der
rigorosen Ablehnung des Abendmahls als eines wirklichen Op-
fermahls vereinbar. Als die Liturgie in Edinburgh das erste Mal
im Juli 1637 zelebriert werden sollte, kam es zu einem Aufruhr,
der bald das ganze Land erfaßte. Faktisch kündigten die Schotten dem König den Gehorsam auf und schlossen sich 1638 im
sogenannten National Covenant, einem Bündnis des schottischen Volkes mit Gott gegen alle Feinde des wahren Glaubens,
zusammen. Die Führung übernahm der Adel, der sich schon seit

Jahren vom König vernachlässigt sah, zwar nicht die Unabhängigkeit Schottlands anstrebte, aber doch eine sehr viel stärkere
Gleichberechtigung gegenüber England beanspruchte.

Der König verlor rasch jedwede Kontrolle über das Heimatland seiner Dynastie und versuchte den Aufstand 1639 im sogenannten ersten Bischofskrieg mit militärischen Mitteln nieder-
zuwerfen. Die englischen Truppen, die kaum mehr als Milizein-
heiten waren, hatten jedoch gegen die kriegserprobten Schotten,
von denen viele auf dem Kontinent gedient und für Schweden in
Deutschland und an den Küsten der Ostsee gefochten hatten,
keine Chance, zumal der Krieg in England zutiefst unpopulär
war. Daher scheiterte auch der Versuch, im Frühjahr 1640
durch die Wiedereinberufung des Parlamentes (des sogenannten
«Short Parliament») ausreichende finanzielle Mittel für den
Kampf zu mobilisieren. Das Parlament wurde rasch wieder aufgelöst; den Kampf gegen die Schotten nahm der König dennoch
erneut auf; mit desaströsen Folgen, denn die schottische Armee
besetzte jetzt den Norden Englands, und der König mußte sich
in einem Waffenstillstand auch noch verpflichten, die Kosten
für den Unterhalt der Besatzungstruppen zu zahlen. Diese Kosten aber waren ohne neue Steuern und damit ohne die Hilfe
des Parlamentes nicht zu bestreiten.

Krise, Krieg und Königsmord

Als am 30. November 1640 das Parlament in England erneut
zusammentrat, stand die Herrschaft Karls I. vor dem Zusammenbruch. Im Unterhaus konnte er sich kaum noch auf zuverlässige Anhänger stützen. Das Wahlrecht, das von den lokalen
Amtsträgern großzügig interpretiert worden war, hatte es wohl
etwa einem Drittel aller erwachsenen Männer erlaubt, an den
Wahlen teilzunehmen. Diese breite Wählerschicht war schwer
zu steuern, und nur in wenigen Grafschaften und Städten war
man noch bereit, einen Kandidaten des Hofes zu wählen. Eine
der ersten Maßnahmen des Unterhauses war es, den wichtigsten
Berater des Königs in den Jahren 1639–40, den Earl of Strafford, der Irland als königlicher Statthalter mit harter Hand ver-

waltet, aber 1640 auch den Oberbefehl über die Armee in England übernommen hatte, unter Anklage zu stellen. Strafford verteidigte sich geschickt, aber als deutlich wurde, daß man ihn juristisch nicht würde belangen können, wurde einfach ein Gesetz verabschiedet, das ihn zum Hochverräter und Verbrecher erklärte. Unter dem Druck der Straße – London war ganz in der Hand der Gegner des Königs – stimmte das Oberhaus zu, und der König gab mit Rücksicht auf die Sicherheit der Königin und seiner Familie nach und unterzeichnete das Gesetz im Mai 1641. Er selbst empfand dies als ein schweres moralisches Versagen. Von diesem Moment an war jedenfalls klar, daß es auch für die Gegner des Königs um ihr Leben ging, denn falls Karl I. jemals wieder mit voller Autorität herrschen sollte, würde er, so nahm man an, die Männer zur Verantwortung ziehen, die ihn gezwungen hatten, seinen treuesten Diener auf das Schafott zu schicken.

Karl I. hatte sich in den Krisenmonaten seit Dezember 1640 wenig geschickt verhalten, da er einerseits Konzessionen machte, andererseits aber immer wieder nach einer gewaltsamen Lösung suchte. Es war ihm daher auch nicht gelungen, das Mißtrauen, das ihm entgegenschlug, abzubauen. In dem Maße allerdings, in dem sich die Position der Führer des Unterhauses radikalisierte, konnte der König nun doch seine potentiellen Anhänger stärker mobilisieren. Es gab genug Engländer, die zwar für «lordly prelates» wie William Laud wenig Sympathie hatten, aber sich dennoch keine presbyterianische Kirche wie in Schottland oder gar – noch schlimmer – weitgehende religiöse Toleranz wünschten. Ebenso konnte der Angriff auf die Rechte des Königs, zu dem das Parlament nun zunehmend überging, als Attacke auf die gesamte politische und soziale Ordnung gesehen werden.

Im Spätsommer 1641 konnte man den Eindruck gewinnen, dem König werde es gelingen, gestützt auf gemäßigte Kräfte, seine Herrschaft wieder zu stabilisieren. Da brach jedoch im Herbst 1641 in Irland ein großer Aufstand von Katholiken aus, der mit Massenvertreibungen von Protestanten aus Ulster und anderen Siedlungsgebieten verbunden war. Die Zahl der wirklichen protestantischen Todesopfer war erheblich, die der angeblichen noch viel höher. Der fanatische Antikatholizismus erhielt in England neue Nahrung, und die Stellung des Königs geriet ins Wanken, denn es schien Verbindungen zwischen den Aufständischen und den Katholiken am Hof – zu denen ja auch die Königin gehörte – zu geben. Selbst gemäßigte Mitglieder des Parlaments zögerten, dem König den Oberbefehl über eine Armee anzuvertrauen, die den Aufstand niederschlagen sollte, denn sie konnte allzu leicht auch in England eingesetzt werden, wo nun die allerdings weitgehend irrationale Furcht vor einem Aufstand der englischen Katholiken – die faktisch nur eine sehr kleine Minderheit der Bevölkerung bildeten – um sich griff. Für Karl I. war es andererseits nicht akzeptabel, den militärischen Oberbefehl einem Beauftragten des Parlaments zu überlassen. Er bemühte sich noch einmal durch einen Gewaltstreich, wieder Herr der Lage zu werden, indem er im Januar 1642 versuchte, fünf der führenden Unterhausmitglieder zu verhaften. Um den Haftbefehl umzusetzen, erschien er – gegen die traditionellen Regeln – in eigener Person im Unterhaus, aber die fünf, an ihrer Spitze stand der Abgeordnete John Pym, hatten sich in Sicherheit gebracht. Der König erschien nun erneut als ein Herrscher, der die Privilegien des Parlaments nicht respektierte. Seine Lage wurde unhaltbar; er zog sich aus London noch am 10. Januar zurück und versuchte in den nächsten Monaten ein Heer zu rekrutieren, mit dem er die Macht in London und im Land insgesamt zurückzuerlangen suchte. Der Widerstand gegen einen Bürgerkrieg war in der englischen Bevölkerung allerdings groß, und da das Parlament London kontrollierte, konnte es auch den etablierten Verwaltungsapparat für seine Zwecke einsetzen. Erst im August 1642 konnte der König in Nottingham seine Kriegsflagge aufpflanzen lassen. Damit waren die Feindseligkeiten auch offiziell eröffnet.

Unterstützung fand der König vor allem im Westen und Norden Englands sowie in Wales, also in den wirtschaftlich weniger entwickelten Regionen, in denen sich eine traditionelle politische Kultur, die sich am Respekt vor der Krone, der Kirche und der patriarchalischen Autorität der lokalen Magnaten orientierte, gehalten und wo sich die Reformation vor allem in ihren radikaleren Spielarten nur unvollständig durchgesetzt hatte. Das Parlament hatte seine Hochburgen vor allem im Südosten und in Teilen der Midlands und natürlich in London. Hier waren auch die Vertreter eines radikalen Protestantismus am stärksten, während jene, die die etablierte, von Bischöfen geleitete Kirche verteidigen wollten, meist für den König kämpften. Die Motive derjenigen, die sich aktiv am Krieg beteiligten – und viele zogen es vor, sich dem Konflikt, soweit es ging, zu entziehen –, waren vielfältig. Angst vor einer autokratischen Herrschaft des Königs auf der einen Seite und vor einem radikalisierten Parlament, das jedwede Form von Ordnung gefährdete, auf der anderen, waren sicherlich Faktoren. Letztlich gaben aber oft konfessionelle Loyalitäten den Ausschlag, denn kaum ein überzeugter Puritaner, der sein Ideal in einer Welt sah, in der die wenigen Gottesfürchtigen der gottlosen oder von Rom infizierten Mehrheit Gesetze geben konnten, kämpfte für den König, während umgekehrt auch nur sehr wenige Anhänger einer streng hierarchisch strukturierten, alle Menschen umfassenden nationalen Kirche im Sinne des elisabethanischen Church Settlement für das Parlament kämpften.

Anfangs war das Schlachtenglück auf seiten des Königs. Die Mehrheit der hohen Adligen stand, wenn man die in der Aristokratie relativ zahlreichen Katholiken einrechnet, auf seiner Seite, auch wenn eine einflußreiche und mächtige Minderheit, darunter nicht wenige Repräsentanten altetablierter Familien und auch einige frühere Höflinge des Königs, sich für das Parlament entschied. Der soldatische Geist, der die Anhänger des Königs inspirierte, war überdies jenen städtischen Bürgern, die mit dem Parlament sympathisierten, eher fremd. Längerfristig verfügte das Parlament aber über die größeren wirtschaftlichen Ressourcen, die es auch besser mobilisieren konnte, da die traditionellen Organe der lokalen Selbstverwaltung unter parlamentarischer Kontrolle genutzt wurden, um ein effizientes Steuersystem zu schaffen. Die Truppen des Königs lebten sehr viel stärker von mehr oder weniger willkürlich erhobenen Kontributionen und waren auch sonst weniger diszipliniert. Das Ideal der adligen Ehre, das viele Royalisten inspirierte, verband sich mit einem starken und oft auch zügellosen Individualismus, der es Karl erschwerte, seine Truppen zusammenzuhalten, während auf parlamentarischer Seite die aristokratischen Befehlshaber, die auch hier anfangs dominiert hatten, später auf die Seite gedrängt wurden und Männern wichen, die erst im Krieg selber aufgestiegen waren, wie dem Befehlshaber der Kavallerie der parlamentarischen Hauptarmee, Oliver Cromwell.

Als kriegsentscheidend erwies sich aber vor allem das erneute Eingreifen der Schotten, die sich anfänglich neutral verhalten hatten. Ein im Herbst 1643 geschlossenes Bündnis des Parlaments mit den Schotten legte die Engländer in Gestalt eines Vertrages, der als Solemn League and Covenant bezeichnet wurde, faktisch darauf fest, sich dem schottischen National Covenant von 1638 und seinen konfessionellen Zielen anzuschließen, so unpopulär dies auch in England insgesamt sein mochte. Offiziell war es freilich auch Ziel dieser Vereinbarung, gemeinsam für «the honour and happiness of the King» zu kämpfen. Was Ehre und Glück des Königs ausmachten, glaubten allerdings die Covenanters und die Parlamentarier in England besser zu wissen als der König selber. Zu Anfang des Jahres 1644 sandten die Schotten ein schlagkräftiges Heer nach England. Nach der Niederlage von Naseby im Juni 1645 begann der royalistische Widerstand zusammenzubrechen, und der König kapitulierte. Im Mai 1646 begab er sich als Gefangener allerdings nicht in die Hand des englischen Parlaments, sondern der Schotten. Schon zu diesem Zeitpunkt spielte er offenbar mit dem Gedanken, bei den Schotten Schutz vor seinen Untertanen zu suchen. Zunächst lieferten ihn die Covenanters jedoch Anfang 1647 an die englische Armee aus.

Dennoch hatte der König selbst in der Niederlage noch manche Trümpfe in der Hand. Ein stabiler Friede schien ohne seine Mitwirkung kaum erreichbar zu sein. Für eine Republik traten auch in England einstweilen nur wenige radikale Parlamentarier und Angehörige der Armee offen ein, in Schottland so gut wie niemand. Die Herrschaft des Parlaments und der parlamentarischen Armee war überdies mit hohen Belastungen für die

Bevölkerung verbunden, die nun entdeckte, daß die Jahre vor 1640 vielleicht doch keine so schreckliche Tyrannis gewesen waren, wie die Kriegspropaganda des Parlaments es behauptet hatte.

Karl I. wiederholte jedoch frühere Fehler. Im fehlte die Geduld, seine Gegner in langen Verhandlungen zu schwächen, wie es sein Vater wohl in einer solchen Lage getan hätte, und er konnte sich nicht wirklich für eine konsistente Strategie entscheiden. Obwohl er ein Gefangener war, nahm er Kontakt mit den Schotten auf und schloß mit ihnen ein Bündnis. Ein schottischer Einfall in England sollte eine royalistische Revolte auslösen. Im Gegenzug war der König bereit, für Schottland die presbyterianische Kirchenverfassung anzuerkennen, die provisorisch auch für England gelten sollte. Das Bündnis mit den Schotten war jedoch ein Vabanquespiel. Die royalistischen Revolten in England blieben militärisch wirkungslos, und die schottische Armee, die nach Süden marschiert war, wurde schon im August 1648 von Cromwell bei Preston vernichtend geschlagen. Damit war der zweite Bürgerkrieg nach wenigen Monaten vorüber.

Was sollte nun mit dem König geschehen? Ein Kompromiß mit einem Herrscher, der – so die Sicht seiner Gegner und auch Cromwells – zweimal gegen seine eigenen Untertanen Krieg geführt und Hilfe sowohl bei den katholischen Iren als auch bei englandfeindlichen Schotten gesucht hatte, schien vielen Vertretern des Parlaments kaum noch möglich, vor allem aber drängte die auch konfessionell radikalisierte Armee auf eine Anklage gegen den König. Das Armeeoberkommando ließ das immer noch zögernde Parlament im Dezember 1648 säubern – die gemäßigten Abgeordneten wurden entfernt –, und auch das Oberhaus, das kaum noch eine große Bedeutung hatte, wurde ausgeschaltet. Im Januar 1649 wurde dem König der Prozeß gemacht. Anscheinend hoffte zeitweilig selbst Cromwell, der führende Kopf unter den höheren Offizieren der Armee und stellvertretende Oberbefehlshaber, der König werde sich dem Gericht unterwerfen. Hätte er das getan, hätte man ihn zur Abdankung oder doch zum weitgehenden Verzicht auf seine Rechte zwingen können. Karl I. verwies aber auf die englische Verfassungstradition, die ein Verfahren gegen einen gekrönten Herrscher schlechterdings nicht vorsah, schon gar nicht ein Verfahren, das nicht vor dem Oberhaus stattfand, sondern vor einem improvisierten Gericht, das Recht sprach im Namen eines vor acht Jahren gewählten Parlaments, dem die meisten seiner ursprünglichen Mitglieder abhanden gekommen waren.

Das Gericht sprach daher den König schuldig, weil er seinen Untertanen den Krieg erklärt und schon vor 1640 wie ein Tyrann geherrscht habe. Es ging dabei von der Auffassung aus, daß der König nur ein vom Volk eingesetzter Amtsträger mit sehr begrenzten Kompetenzen war, der ebenso abgesetzt wie bestraft werden konnte. Historisch deutete man England zur Wahlmonarchie um; eine Reihe von gewaltsamen Königsabsetzungen und Abweichungen von der normalen Erbfolge hatte es ja im Spätmittelalter wirklich gegeben. Aber die Ankläger des Königs gingen noch weiter. Sie beriefen sich in letzter Instanz auf ein göttliches Mandat und eine religiöse Mission. Ein König, der sich gegen Gott auflehnte – und im Lichte eines radikal interpretierten Alten Testamentes war eine irdische Königsherrschaft schon fast an sich ein Aufruhr gegen Gott –, konnte letztlich auch von einfachen Untertanen gestürzt und beseitigt werden. Das war eine revolutionäre Doktrin, die die Ankläger und Richter des Königs in eine gefährliche Nähe zu den katholischen Theologen, oft Jesuiten, rückte, die in Europa um 1600 offen die Lehre vom Tyrannenmord verfochten hatten; eine Parallele, die die Royalisten nur allzu gern hervorhoben.

Es war daher am Ende wohl nur eine kleine Minderheit innerhalb der englischen Führungsschicht, die von dieser Argumentation wirklich überzeugt oder bereit war, sie sich zu eigen zu machen. Dennoch, am 30. Januar 1649 wurde der König vor der Banqueting Hall auf dem Gelände des Palastes von Whitehall mit dem Beil hingerichtet. In seinen letzten Worten hatte Karl I. noch einmal an seine Schuld am Tode Straffords erinnert. Er sah seinen eigenen Tod offenbar als Sühne für diese Schuld. Aber er hob auch hervor, daß kein Untertan seinen Herrscher richten könne, denn «a subject and a sovereign are

clear different things» (Woolrych, Britain in Revolution, S. 433).
Nach der Hinrichtung wurde der Leichnam des Königs während eines Schneesturms von London nach Windsor gebracht und dort ohne jegliche Zeremonie und ohne Gottesdienst (der parlamentarische Offizier, der in Windsor das Kommando führte, hatte den Gebrauch der Liturgie der Church of England verboten) in der Gruft der St. Georgskapelle neben dem Sarkophag Heinrichs VIII. beigesetzt. Nur wenige Adlige, darunter auch der Herzog von Lennox und Richmond als Oberhaupt der wichtigsten schottischen Nebenlinie der Stuarts, hatten ihm das letzte Geleit gegeben.

Die Standhaftigkeit und die Würde, die Karl I. während des Prozesses und bei der Hinrichtung gezeigt hatte, sicherten ihm und seiner Dynastie nicht nur die bleibende Loyalität der Royalisten, sie verfestigten auch bei vielen Beobachtern den Eindruck, daß er den Tod eines wahren Märtyrers gestorben sei. Einer der Kaplane des Königs, John Gauden, ließ schon wenige Tage nach seinem Tod ein Werk erscheinen, das den Anspruch erhob, vom König selbst verfaßt worden zu sein. Es hieß auf griechisch Eikon Basilike, das Bild des Königs, und bestand aus autobiographischen Selbstrechtfertigungen und aus Gebeten. Faktisch hatte Gauden wohl das meiste selbst zusammengestellt, auch wenn ihm Aufzeichnungen des Königs vorlagen und er in seinem Sinne zu handeln glaubte. Der König erscheint dort als ein Herrscher, der bewußt den Weg des Leidens und der Nachfolge Christi ging, um für die Sünden seines Volkes zu büßen und so seine irdische Krone gegen die Dornenkrone, aber auch die Krone des ewigen Lebens eintauschte (so stellte dies das berühmte Frontispiz des Buches dar). So mochte Karl in den letzten Wochen vor seinem Tod auch unter dem Einfluß seiner geistlichen Berater wirklich gedacht haben.

Vor allem aber hatte Eikon Basilike den von Gauden durchaus intendierten Effekt, den Erben des Königs, Karl II., auf ein bestimmtes Ideal von Königsherrschaft festzulegen, auf eine Sakralmonarchie anglikanischer Prägung. Dieses Ideal ließ weder Raum für eine säkularisierte entkonfessionalisierte Monarchie noch für eine stärkere Zusammenarbeit mit den schottischen

Presbyterianern – eine Option, die die Witwe des Königs Henrietta Maria, die nach Frankreich geflohen war, zeitweilig durchaus favorisierte, da in ihren Augen die schottischen Calvinisten auch keine schlimmeren Ketzer waren als die englischen Anglikaner.

Eikon Basilike, das in kürzester Zeit immer wieder nachgedruckt und in ganz Europa (meist in Übersetzungen) gelesen wurde und dessen Wirkung der republikanisch gesinnte Dichter John Milton in seinem Eikonoklastes (Bilderzerstörer) mit wenig Erfolg bekämpfte, verlieh nicht nur Karl I. den Nimbus des Märtyrers, ja fast des Heiligen – als solchen betrachteten ihn weite Teile der anglikanischen Kirche zumindest bis ins 19. Jahrhundert –, sondern auch der Dynastie selber eine spezifische Aura. Das Buch schuf ein religiöses Identitätskapital der Dynastie, das zwar hilfreich war, wenn es galt, die alten Anhänger der Monarchie zu mobilisieren, das aber auch den Handlungsspielraum der Nachfolger Karls I. in konfessionellen Fragen stark einengte (Kelsey, The King's Book), wie nach 1660 deutlich werden sollte.

Interregnum und Exil

Karl II., der 1630 geborene Erbe des hingerichteten englischen Königs befand sich beim Tod seine Vaters in einer wenig aussichtsreichen Situation. Einsatzfähige royalistische Truppen gab es allenfalls noch in Irland, doch auch hier sollte Cromwell rasch und mit äußerster Brutalität jeden Widerstand gegen die Herrschaft des Parlaments brechen. Karl II., der sich Anfang 1649 in den Niederlanden bei seiner Schwester Maria aufhielt, konnte einerseits im europäischen Ausland mit einer gewissen Sympathie, nicht aber mit militärischer Unterstützung rechnen. In den Niederlanden war zwar der Statthalter Wilhelm II. von Oranien ein Schwager Karls II., aber nach dem Tode des Prinzen im November 1650 wurde in Den Haag für über 20 Jahre ein rein republikanisches Regime etabliert. Dieses war zwar der englischen Republik auch nicht wirklich freundlich gesinnt – ja es wurde sogar bald in einen Krieg gegen England verwickelt –, bot aber kaum den angemessenen Rückhalt für eine royalisti-sche Rückeroberung Englands. Am ehesten bot sich noch Frankreich als Zufluchtsort für die Stuarts an, wo Henrietta Maria, die Witwe Karls I., die ja eine Bourbonin war, schon seit längerer Zeit im Pariser Louvre residierte. Frankreichs Kräfte waren freilich seit 1635 durch den Kampf gegen Spanien, der erst 1659 enden sollte, gebunden. Überdies war die Krone so gut wie bankrott und sah sich seit 1648 in Paris, aber auch in der Provinz mit einer Aufstandswelle, der sogenannten Fronde, konfrontiert.

Karl entschloß sich daher nach einigem Zögern, noch einmal jene Karte auszuspielen, auf die auch sein Vater 1648 gesetzt hatte: das Bündnis mit den Schotten. In Schottland hatte man die Hinrichtung Karls I. trotz aller Vorbehalte gegen seine Herr-schaft abgelehnt und Karl II. nach kurzem Zögern am 5. Fe-bruar 1649 zum König von Schottland, aber auch von England und Irland ausgerufen. Die Schotten waren ja an dem Gerichts-verfahren, das nicht nur den englischen König, sondern auch ihren eigenen betraf, nicht beteiligt gewesen, und das englische Parlament besaß an sich keine Autorität, das Königtum auch in Schottland abzuschaffen. Überdies wurde rasch erkennbar, daß man in England nicht bereit war, sich an die Bestimmungen des Solemn League and Covenant von 1643 zu halten, sondern eine streng presbyterianische Kirchenorganisation auch weiterhin ablehnte. Eine Allianz mit dem Erben des englischen Thrones konnte daher für die Schotten eine Möglichkeit sein, wieder Einfluß auf den Gang der Dinge in England zu gewinnen. Karl II. ließ sich auf dieses Bündnis nur widerwillig ein, denn die Führer der schottischen Kirk verlangten von ihm, daß er seine früheren politischen und religiösen «Sünden» öffentlich und mit Demut bereute und sich von seinen royalistischen Be-ratern trennte. Dennoch reiste Karl im Juni 1650 nach Schott-land und wurde dort am 1. Januar 1651 zum König gekrönt. Die Krönungszeremonie war allerdings sehr schlicht gehalten und mehr ein Akt der weltlichen Akklamation als ein religiöses Ritual. Die Covenanter bemühten sich, dem König jede wirk-liche Autorität zu verweigern, und setzten ihn einem Trommelfeuer frommer Predigten aus, um ihn zum strengen Calvinismus zu bekehren.

Überdies schickte das englische Parlament schon bald ein Heer unter Cromwell nach Schottland. Hätten Karl II. und seine schottischen Anhänger sich damit begnügt, die Monarchie der Stuarts in Schottland selbst wiederherzustellen, England aber den Republikanern zu überlassen, hätte sich ein Waffengang vielleicht vermeiden lassen, so aber drang Cromwell rasch nach Norden vor, ohne daß ihm die Covenanters eine wirksame Gegenwehr entgegensetzen konnten. Karl II. setzte im Sommer 1651 daher alles auf eine Karte und brach mit einem Heer von 12 000 Mann nach Süden auf und marschierte in England ein. Es gelang ihm, mit seinen Truppen tatsächlich bis Worcester im Westen Englands zu gelangen. Dort wurde er aber von Cromwells zahlenmäßig überlegenen Truppen eingekesselt. Am 3. September 1651 wurde das Heer des Königs bei Worcester von der parlamentarischen Armee vernichtend geschlagen. Es gelang dem König – fast ein Wunder –, sich dem Zugriff der Parlamentarier zu entziehen. Sechs Wochen lang mußte er sich verstecken – oft bei katholischen Familien, die daran gewöhnt waren, Priestern eine Zuflucht zu bieten –, bevor ihm die Flucht über die See nach Frankreich gelang.

Damit war jede Hoffnung auf eine Wiederherstellung der Monarchie mit militärischen Mitteln zerstört. Karl zog sich nun zunächst erneut nach Frankreich zurück, wo sein jüngerer Bruder Jakob, der den Titel eines Herzogs von York trug, Dienste in der französischen Armee nahm. In der Umgebung des Königs waren jetzt jene Ratgeber wie der spätere Kanzler Edward Hyde ausschlaggebend, die schon zu Lebzeiten seines Vaters 1647–48, anders als der Umkreis der Königin Henrietta Maria, jedes Bündnis mit den Schotten abgelehnt hatten und auf eine Wiederherstellung der Monarchie in England aus eigener Kraft und in enger Verbindung mit der Wiedererrichtung einer episkopal verfaßten Kirche setzten.

Frankreich, die Schutzmacht der exilierten Dynastie, näherte sich unterdessen unter der politischen Leitung des Kardinals Mazarin immer mehr der englischen Republik an, die außen-

politisch durchaus als seriöser Partner galt. Auch deshalb verließ Karl Frankreich und ging 1654 nach Deutschland, wo er
sich fast anderthalb Jahre lang in Köln niederließ. Er hoffte zeitweilig auf Unterstützung durch den Reichstag und den Kaiser,
ohne freilich die in Aussicht gestellten Mittel wirklich zu erhalten. In dem Maße freilich, in dem Frankreich sich England an-
näherte, entdeckten die Spanier Karl II. als möglichen Verbündeten. In der französischen Armee kämpften ganze Regimenter,
die aus Iren bestanden, und auch viele englische und schottische
Royalisten, wie der Herzog von York, waren in das Heer Ludwigs XIV. eingetreten. Gelang es, Karl II. auf die spanische Seite
zu ziehen, dann konnte man diese Soldaten vielleicht abwerben.
So ließ sich der König 1656 in den spanischen Niederlanden
nieder, wo er in Brügge und zeitweilig auch in Brüssel mit bescheidenen Mitteln Hof hielt. Mit spanischem Geld stellte er eigene Regimenter auf, die tatsächlich durch Überläufer aus französischen Diensten Zuwachs erhielten. Daß die Stuarts nun im
spanischen Sold standen, machte es für die englische Regierung
leichter, sie als Agenten Roms und Feinde der nationalen Interessen Englands darzustellen. Andererseits hatte Karl zum ersten
Mal seit 1651 wieder begrenzte Machtmittel zur Verfügung, die
es ihm erlaubten, auch auf internationalem Parkett eine gewisse, wenn auch bescheidene Rolle zu spielen. In den Jahren
des Exils hatte sich der König freilich auch daran gewöhnt, das
Leben eines einfachen Adligen, nicht das eines Monarchen zu
führen. Seine Zeit verbrachte er mit der Jagd und Tanz, allerlei
Vergnügungen und natürlich diversen Amouren, während sein
Bruder Jakob sehr unstandesgemäß Ende der 1650er Jahre eine
Liaison mit Anne Hyde, der Tochter Edward Hydes, des königlichen Kanzlers, einging, die er im November 1659 gegen die
Einwände seines Bruders heiratete.

In England und Schottland gab es zwar in diesen Jahren immer wieder Pläne für royalistische Verschwörungen, aber nahezu ohne Aussicht auf Erfolg. Die Republik hatte sich nach
1651 äußerlich stabilisiert. 1653 hatte Cromwell, schon immer
der starke Mann in der Armee und im Staatsrat, der seit 1649
die Exekutivgewalt ausübte, als Lord Protector (eigentlich der

Titel eines Reichsverwesers im Falle einer Thronvakanz) auch offiziell die Herrschaft übernommen. Der britische Staat, in den man Schottland und Irland integriert hatte, war nun eine Mischung aus Militärdiktatur, parlamentarischer Herrschaft und Wahlmonarchie, denn Cromwells Stellung glich sich immer mehr der eines Königs an. Cromwells Charisma und militärische Erfolge verliehen seiner Herrschaft eine gewisse Legitimität, aber mit seinen Parlamenten hatte er ähnliche Probleme wie vor ihm Karl I. in den späten 1620er Jahren. Sie mußten mehrmals aufgelöst und neugewählt werden. Der Einfluß des Militärs auf Politik und Lokalverwaltung war unpopulär, und strenge Republikaner betrachteten kritisch Cromwells herausragende Machtstellung. Die eigentliche Krise des Regimes trat aber erst mit Cromwells Tod im September 1658 ein. Daß er wie ein König bestattet wurde, war schon ein Zeichen, daß sich eine eigenständige republikanische politische Kultur nicht hatte entwickeln können. Hätte sich für die Position des charismatischen Führers unter den Offizieren der Armee ein geeigneter Nachfolger gefunden, wäre es vermutlich noch einmal gelungen, die republikanische Herrschaft zu stabilisieren, aber Richard, der Sohn des Lord Protector, dankte mangels ausreichender Unterstützung im Offizierskorps schon im Mai 1659 ab. Es wurde nur allzu deutlich, daß sich die Gegner der Stuarts auf keine gemeinsame Politik mehr einigen konnten. Das wieder einberufene Rumpfparlament, das von 1649 bis 1653 die Macht ausgeübt hatte, geriet rasch in einen Konflikt mit der Armeeführung. Als der populärste höhere Offizier der Armee, General Lambert, im Oktober 1659 seinerseits versuchte, das Parlament auszuschalten, intervenierte der Oberbefehlshaber der englischen Truppen in Schottland, General Monck. Er marschierte auf London, ließ Lambert gefangensetzen und ein neues Parlament wählen. Monck stand in Kontakt mit Karl II., der in ihm das geeignete Instrument für eine Wiederherstellung der Monarchie sah. Entscheidend war aber nicht nur Moncks Bereitschaft, sich auf eine solche Zusammenarbeit einzulassen, sondern auch die Tatsache, daß jede nach dem traditionellen Wahlrecht abgehaltene freie Parlamentswahl, bei der anders

als in den Jahren nach 1649 Royalisten wählbar waren, mit hoher Wahrscheinlichkeit zu einer royalistischen Mehrheit im Unterhaus führen mußte. Dies trat im März 1660 auch ein, und
das Parlament beschloß schon kurz nach seinem Zusammentre-
ten, Karl II. nach England als König zurückzurufen. Am 8. Mai
wurde eine entsprechende Erklärung verabschiedet, die fest-
stellte, daß Karl II. seit dem 30. Januar 1649 der legitime König
von England, Schottland und Irland war.

Die Republik hatte sich als relativ kurzlebiges Experiment erwiesen. Es wäre zuviel gesagt, wenn man behaupten wollte, daß
sie eine Republik ohne Republikaner war, aber die überzeugten
Republikaner stellten doch in allen Bevölkerungsschichten vermutlich nur eine Minderheit dar. Überleben konnte die Republik
nur im Bündnis mit einer politisierten Armee, der sie zwar ihre
Existenz verdankte, die aber auch ein stark destabilisierender
Faktor in der Politik war. Im Vergleich zu einer Militärherrschaft
schien für viele Engländer eine traditionelle Monarchie zumindest das geringere Übel zu sein, wenn sie nicht sogar enthusiastisch begrüßt wurde. Überdies hoffte man, Karl II. auf eine
Politik festlegen zu können, die auch für gemäßigte Anhänger
der Republik akzeptabel war. Der König hatte in der Tat am
4. April in den Niederlanden die sogenannte Declaration of
Breda erlassen, die den Anhängern der Republik eine weitgehende Amnestie zusagte, religiöse Toleranz versprach und eine
enge Zusammenarbeit mit einem frei gewählten Parlament in
Aussicht stellte. Die kommenden Jahre sollten zeigen, wieweit
sich ein solches Programm mit den Erwartungen der royalistischen Anhänger der Stuarts, die die Republik zwischen 1649
und 1660 durchgehend abgelehnt hatten, verbinden ließ.

III. Die Herrschaft Karls II. und Jakobs II.
1660–1688

Die Restauration

Die Wiederherstellung der Monarchie in England schuf ein neues politisches Gleichgewicht, das allerdings instabil blieb, also keineswegs eine bloße Restitution der Verhältnisse vor 1640 war. Die Krone hatte in den Jahren 1640–41 eine ganze Reihe von Prärogativrechten verloren, wie etwa die Möglichkeit, unter Umgehung der normalen Rechtsprechung unliebsame Personen in der Star Chamber (einem im frühen 16. Jahrhundert entstandenen königlichen Gericht zur Wahrung des öffentlichen Friedens) zur Rechenschaft zu ziehen, die 1660 nicht wieder belebt wurden. Dieses neue System litt von Anfang an unter seinen inneren Widersprüchen. Es würde aber zu kurz greifen, die Monarchie in ihrer restaurierten Form einfach nur als wesentlich schwächere Version des Königtums der Tudors und der beiden ersten Stuarts auf dem englischen Thron zu betrachten. Es gab zwar nun in England nach 1660 ein Potential für eine implizit oder explizit republikanische Bewegung, für deren Anhänger die Rückkehr zur politischen Ordnung der 1650er Jahre durchaus attraktiv erschien oder die doch zumindest Elemente einer republikanischen Verfassung in der monarchischen Herrschaftsordnung verankert wissen wollten. Ein solcher Republikanismus hatte vor 1640 gefehlt, aber andererseits hatte es bei aller Loyalität gegenüber Krone und Dynastie keinen Royalismus als eigene politische Bewegung gegeben. Daß England eine Monarchie war, verstand sich vor dem Ausbruch des Bürgerkrieges von selbst. Nach 1649 gab es hingegen eine greifbare Alternative zur Monarchie, aber die Monarchie und ihre religiöse Legitimation zu verteidigen konnte damit auch zu einem expliziten politischen Glaubensbekenntnis werden. Eben dies geschah auch nach der Restauration; eine Tendenz, die sich dann Ende der

Abb. 3 König Karl II.,
von Robert Williams,
nach Sir Godfrey Kneller,
spätes 17. Jahrhundert

1670er Jahre in der Exclusion Crisis noch einmal verstärken sollte. An Gewicht gewann dieser Royalismus dadurch, daß die Jahre des Bürgerkrieges und die 1650er Jahre für viele Mitglieder der Gentry, der landbesitzenden Oberschicht, mit traumatischen Erfahrungen verbunden gewesen waren. Sie mußten sich von Soldaten befehlen lassen, die vor 1640 unter Umständen nur Handwerker, einfache Landwirte oder kleine Gewerbetreibende gewesen, im Krieg aber zu Offizieren aufgestiegen waren. In den Kirchen hatten radikale Theologen und theologisch ungebildete, aber vermeintlich unmittelbar vom Heiligen Geist inspirierte Laienprediger in eschatologischer Begeisterung eine neue Ordnung heraufbeschworen, in der für die alten Eliten nicht mehr allzu viel Platz blieb. Überdies hatten die alten Anhänger des Königs nach dem Sieg des Parlaments auch erhebliche Vermögensverluste erlitten, auch wenn es zu keiner so radikalen Umwälzung der Besitzverhältnisse kam wie in Irland.

Viele Mitglieder der Gentry zogen aus dem Bürgerkrieg und den Entwicklungen der 1650er Jahre vor allem zwei Lehren:

Nie wieder durfte die traditionelle soziale Ordnung in Frage gestellt werden, und nie wieder durfte die Position der Church of
England als Staatskirche angetastet werden. Die wiederherge-
stellte Monarchie sollte eben diese Stabilität von weltlicher und
kirchlicher Ordnung garantieren.

Die Anglican Royalists, aus denen später die Tories des aus-
gehenden 17. und des 18. Jahrhunderts hervorgehen sollten,
hatten jedoch ein ganz klares Bild von dieser Monarchie. Es war
eine Sakralmonarchie, die auf dem Gottesgnadentum, aber
auch der Verantwortung des Königs vor Gott und seinen geistlichen Vertretern auf Erden, den Bischöfen beruhte. Daß gegen
einen gesalbten Herrscher jeder aktive, gewaltsame Widerstand
unzulässig war, verstand sich von selbst. Allerdings wurde die
Salbung dem König von Bischöfen gespendet, die ihrerseits in
ihrer Mehrheit seit der Restauration mit deutlich mehr Nachdruck als vor 1640 darauf bestanden, daß ihr Amt göttlichen
Ursprungs sei und ihnen Gott ihre Autorität verliehen habe, obwohl sie faktisch vom König als supreme governor der Kirche
ernannt worden waren. Die Bischöfe der Restaurationszeit,
allen voran der langjährige Erzbischof von Canterbury, Gilbert
Sheldon (1663–1677), ein hartgesottener und taktisch geschick-
ter Kirchenpolitiker, zögerten daher auch nicht, gegebenenfalls
Widerstand im Parlament gegen politische Vorhaben des Königs zu organisieren, die ihnen nicht genehm waren.

Letztlich blieb das Verhältnis zwischen dem König und den
anglikanischen Royalisten durch gegenseitiges Mißtrauen geprägt, auch wenn dieses Mißtrauen in Krisenzeiten in den Hin-
tergrund treten konnte. Die strengen Anglikaner hatten nicht
vergessen, daß Karl II. sich in Schottland 1651 von den radikalen Presbyterianern zum König hatte krönen lassen, sicherlich
mit starken inneren Vorbehalten, aber doch offenbar durchaus
mit der Bereitschaft, auch in England die anglikanische Kirche
endgültig fallen zu lassen.

Auch auf Grund dieser Erfahrungen sah man in jedem Versuch, Nichtanglikanern offiziell mehr Toleranz zu gewähren,
einen Angriff auf die Fundamente der Church of England an
sich. Aber das Mißtrauen war ein gegenseitiges. Karl II. hatte

schon nach dem Tode seines Vaters erfahren müssen, daß viele Anglikaner zwar königstreu, aber nicht bereit waren, in der Stunde der Niederlage wirkliche Opfer für ihre Überzeugungen zu bringen. In den düsteren Zeiten nach der Hinrichtung seines Vaters, insbesondere nach der verlorenen Schlacht von Worcester, waren es englische Katholiken gewesen, die ihm geholfen hatten, seltener Angehörige der offiziellen Kirche der Vorkriegszeit. Die Katholiken waren an die Situation der Verfolgung gewöhnt und hatten gelernt, damit umzugehen, und das zeigte sich auch nach 1649. Karl II. war selber religiös eher indifferent, aber eine gewisse, zumindest ästhetische Sympathie für den Katholizismus besaß er sicherlich, zumal der barocke Katholizismus, der in der zweiten Hälfte des 17. Jahrhunderts seine ganze Vitalität entfaltete, auf einen Monarchen, der auch durch höfische Repräsentation seinen Herrschaftsanspruch bestätigt sehen wollte, eine starke Anziehungskraft ausübte. Aber er war anders als sein Bruder klug genug, die Entscheidung für Rom aufzuschieben, bis er auf dem Totenbett lag.

Dennoch war das Verhältnis zur Church of England nicht frei von Spannungen. Die ganze Lebenseinstellung Karls II. war durch einen deutlichen Antiklerikalismus geprägt; hierin unterschied er sich von seinem Vater, aber auch von seinem Bruder und Nachfolger, zumindest wenn man auf dessen spätere Lebensjahre blickt. Karl II. war nicht bereit, sich von Geistlichen welcher Couleur auch immer sagen zu lassen, wie er sein Leben einzurichten und welche Politik er zu treiben habe. Die ständigen Belehrungen, die ihm die calvinistischen Pastoren in Schottland in der Zeit erteilt hatten, als er von dort aus versucht hatte, die Macht in England für seine Dynastie zurückzuerlangen, hatten seine tendenziell antiklerikale Grundeinstellung ohne Zweifel verfestigt. Presbyterianische Geistliche mit ihrer – aus einer Sicht – sauertöpfischen Rechtschaffenheit und ihrer engherzigen Sexualmoral waren ihm sicher zeit seines Lebens besonders verhaßt, aber dem Autoritätsanspruch anglikanischer Bischöfe begegnete er ebenfalls mit starker Skepsis.

Der Antiklerikalismus des Königs erschwerte ihm nicht nur die Zusammenarbeit mit den streng anglikanischen Royalisten, er bot auch eine Grundlage für ein ganz anderes Modell von Monarchie als das der traditionellen Sakralmonarchie, einer Monarchie, die ihre Legitimation eher aus einer rationalistischen Souveränitätslehre bezog, wie sie der Philosoph Thomas Hobbes 1651 in seinem *Leviathan* entworfen hatte. Auch wenn für diese Staatslehre der Glaube an bestimmte religiöse Lehren vom Staat durchaus erzwungen werden konnte, so galt das doch eigentlich nur für jene, deren Geltung notwendig war, um politische Stabilität zu garantieren. Alles andere konnte man sehr wohl dem Gewissen des einzelnen überlassen, wenn man wollte. Für ein gewisses Maß an Toleranz blieb also durchaus Raum.

Karl II. lag es sicherlich fern, sich in seiner Politik auf eine systematische politische Philosophie wie die des *Leviathan* zu stützen, aber er besaß durchaus Berater, die mit dem Werk von Thomas Hobbes vertraut waren. Überdies neigte er selbst wohl zu einem eher säkularisierten Verständnis von Politik, das konfessionelle Loyalitäten dem dynastischen Interesse und der Staatsräson unterordnete. Von einer solchen Position aus war es auch durchaus denkbar, konfessionellen Minderheiten wie den gemäßigten englischen Presbyterianern, denen er doch weitgehend seine Wiedereinsetzung als Monarch verdankte und von denen er sich auch später noch abhängig fühlte, ein gewisses Maß an Toleranz zu gewähren, und gleiches galt erst recht für die Katholiken. Sein Problem war, daß dieses Modell einer partiell säkularisierten Monarchie in England wenig Anhänger besaß, weder unter den entschiedenen Royalisten noch unter denen, die an sich bereit waren, sich mit der wiederhergestellten Monarchie zu arrangieren, sich aber eher in der Tradition der Parlamentarier sahen, die 1642 Karl II. auf dem Schlachtfeld entgegengetreten waren. Am Ende wurde Karl II. nach 1678 auf das Bündnis mit den radikalen Anglikanern und ihr Konzept einer von Bischöfen als geistlichen Ratgebern umgebenen sakralen Monarchie von Gottes Gnaden zurückgeworfen. Dieses Konzept war immerhin in den frühen 1680er Jahren recht erfolgreich, bis sich Jakob II. wieder davon abwandte; ein Umstand, der zeigt, daß die Restauration keineswegs von Anfang an zum Scheitern verurteilt war.

Karl II. sah sich freilich innenpolitisch zeit seines Lebens mit erheblichen Herausforderungen konfrontiert. Sein Zynismus, seine Indolenz und seine durch und durch hedonistische Lebensauffassung inspirierten sicherlich auch seine engsten Berater und Diener nicht unbedingt zu absoluter Loyalität; zu wenig konnten sie sich ihrerseits der Loyalität des Königs und der Beständigkeit seiner Politik sicher sein. Aber Karl II., der nach 1649 als politischer Flüchtling und im Exil viel gelernt hatte, war ein begnadeter politischer Überlebenskünstler. Auch aus einer Position der Schwäche gelang es ihm immer wieder, seine Autorität zu festigen, und gegen Ende seiner Regierungszeit erlebten seine Königreiche eine Art zweiter Restauration, die durchaus die Grundlagen für eine starke, allerdings durch und durch anglikanische Monarchie hätte legen können. Dies war ein Kapital, das Karls Bruder Jakob nach 1685 in sehr kurzer Zeit verspielen sollte.

Das Königtum des «Merry Monarch» und der mißlungene konfessionelle Ausgleich

Karl II. gelang es hingegen zumindest in seinen ersten Regierungsjahren, in England sehr unterschiedliche Formen monarchischer Repräsentation und königlicher Selbstdarstellung miteinander zu verbinden. In den Monaten unmittelbar nach seiner Rückkehr nach England hatte er bereits Tausende von kranken Bittstellern empfangen, die sich von der Berührung durch die Hände des Königs eine Heilung ihrer Krankheit, der Skrofeln (einer mit Hautausschlag verbundenen Drüsenerkrankung), die auch als King's Evil bekannt waren, erhofften. Im Laufe seiner 25jährigen Regierungszeit hat Karl II. dann sicherlich mehrere zehntausend und vielleicht bis zu 100 000 Männer und Frauen in Audienz empfangen, um sie durch die Berührung seiner Hände zu heilen, immerhin – wenn man die höhere Zahl zugrunde legt – an die zwei Prozent der Bevölkerung von England (Keay, Monarch, S. 118).

Sein feierlicher Zug durch London anläßlich seiner Krönung am St. Georgstag, dem 23. April 1661, hatte allerdings weniger die sakralen Elemente der Monarchie in den Vordergrund gestellt, sondern ganz andere Akzente gesetzt. Der König ließ sich auf den Triumphbögen als ein neuer Augustus darstellen, der, wie der römische Kaiser der Antike, den Bürgerkrieg beendet hatte. Die Dekorationen für den Festumzug, nahmen starke Anleihen beim Gedankengut des augusteischen Dichters Vergil, so daß der König nicht nur als Sieger über die dämonischen Titanen (die Königsmörder) erschien, sondern auch als Herrscher über ein neues goldenes Zeitalter, in dem Überfluß und Gerechtigkeit walteten. Auch in den folgenden Jahren versuchte der König, an seinem Hof den Glanz einer barocken Monarchie zu entfalten, was ihn nicht daran hinderte, sich im Alltag leutselig und betont volkstümlich zu geben. Seine Neigung, sich ganz anders als sein Vater über viele Konventionen, die zwischen dem Herrscher und seinen Untertanen eine große Distanz schufen, hinwegzusetzen, trug anfänglich sicherlich zur Popularität des «Merry Monarch», wie er später genannt wurde, bei. Auf die Dauer wurde es allerdings zum Problem, daß seine zahllosen sexuellen Eskapaden sich in aller Öffentlichkeit abspielten und zum Gegenstand zum Teil recht drastischer pornographischer Gedichte und skurriler Pamphlete wurden. Mätressen hatten zwar auch andere europäische Herrscher, ja in vielen Ländern erwartete man dies fast in dieser Epoche von einem König, aber die sehr prominente Rolle, die die zahlreichen und zum Teil miteinander rivalisierenden Geliebten des Königs am Hof spielten – mit denen Karl II. insgesamt mehr als ein Dutzend Kinder zeugte –, mußte in einem Land protestantisch-puritanischer Tradition doch Anstoß erregen, zumal unglücklicherweise gerade die einflußreichsten Mätressen oft Katholikinnen waren. Für Karl II. und viele seiner Höflinge war die Libertinage jedoch politisches und kulturelles Programm; sie war wohl auch ein Versuch, die gottesfürchtigen militanten Protestanten zu brüskieren und lächerlich zu machen, provozierte aber auch eine entsprechende Abwehrreaktion. Die Kritik an den Ausschweifungen des Königs und den Kosten, die das alles in Zeiten einer fast permanenten Finanzkrise verursachte – billig waren die königlichen Mätressen nicht –, schadete letztlich dem Ansehen des Königs.

Diese Probleme waren freilich anfangs der 1660er Jahre noch nicht in ihrem vollen Umfang sichtbar. Zunächst galt es einen modus vivendi mit den früheren Anhängern der Republik zu finden und die überkommene Kirchenverfassung Englands in möglicherweise modifizierter Form wiederherzustellen. Gegenüber den Männern, die bis 1660 auf der Seite Cromwells und der Republik gestanden hatten, zeigte sich Karl II. betont nachsichtig, gerade weil er die heimlichen Republikaner weiter für eine wirkliche politische Gefahr hielt. Nur sehr wenige Personen, die direkt in die Ermordung Karls I. verwickelt gewesen waren oder als besondere Fanatiker galten, wurden hingerichtet, und auch die Gültigkeit der Besitzumwälzungen der Bürgerkriegszeit und der 1650er Jahre wurde im Kern nicht angetastet. Aus der Sicht seiner eigenen Anhänger war der König viel zu milde. Um so mehr bestanden die Royalisten darauf, alle konfessionellen Richtungen, die in der Tradition des Puritanismus standen und damit auch politisch suspekt waren, aus der offiziellen Kirche auszuschließen. Der Act of Uniformity von 1662 zwang alle Geistlichen, die Liturgie der Church of England, die im wesentlichen der Liturgie des frühen 17. Jahrhunderts entsprach, ohne alle Vorbehalte anzuerkennen und dem presbyterianischen Covenant der Bürgerkriegsjahre abzuschwören. An die 1000 Pastoren und andere Geistliche – etwa 10% des gesamten Klerus – sahen sich so genötigt, im August 1662 ihr Amt aufzugeben. Zwar fehlte es auch nachher nicht an Laien und Pastoren innerhalb der englischen Kirche, die eine gewisse Sympathie für die reformierte Tradition, die sich an Genf orientierte, besaßen, aber den Ton gaben zunehmend andere an, die eher die Kontinuität zur vorreformatorischen Kirche – die allerdings nicht mit dem gegenreformatorischen Rom gleichzusetzen war – betonten und die ihre Leitfigur im umstrittenen Erzbischof William Laud sahen, der 1645 hingerichtet worden war.

Der König hatte versucht, diese Art des Church Settlement zu umgehen, und war bereit, den Dissenters, wie diejenigen Protestanten hießen, die die offizielle Bischofskirche nicht oder nur unter großen Vorbehalten anerkannten, mehr Zugeständnisse

zu machen, aber gegen die royalistische Mehrheit im Unterhaus
konnte er sich nicht durchsetzen, im Gegenteil, in den Jahren
1663 bis 1665 wurden die einschlägigen Bestimmungen noch
einmal verschärft und alle religiösen Versammlungen, die nicht
den Regeln der Church of England entsprachen, verboten.
Hausandachten blieben allerdings legal, und die Unterdrückung
des Dissent ließ sich auf der lokalen Ebene nicht wirklich durchsetzen.

Die intolerante Gesetzgebung des «Cavalier House of Com-
mons» (wie das Unterhaus der 1660er Jahre wegen seiner royalistischen Mehrheit genannt wurde) reichte aber, um die politische Atmosphäre dauerhaft zu vergiften. Dies zeigte sich schon
gegen Ende des Seekrieges von 1665–67 gegen die Niederländer. Die auch auf Grund mangelnder Geldbewilligungen durch
das Parlament unterfinanzierte englische Flotte konnte sich gegen die Geschwader der Niederländer nicht behaupten. England war freilich durch einen Ausbruch der Pest (1665–66) und
einen Stadtbrand, der 1666 große Teile Londons zerstörte, zu-
sätzlich geschwächt. Der Friede, der den Krieg 1667 beendete,
war zwar für England nicht mit gravierenden Nachteilen verbunden, man empfand ihn aber doch als demütigende Niederlage.
Das Parlament rief nach Bestrafung der Schuldigen und forderte
den Kopf des leitenden Ministers, des Earl of Clarendon (Edward Hyde), der Karl II. schon im Exil beraten hatte. Der König
ließ ihn nicht ungern fallen, sorgte aber dafür, daß er durch die
Flucht nach Frankreich sein Leben retten konnte. Lediglich sein
Londoner Stadtpalast wurde auf Befehl des Parlaments zerstört.

Die Jahre des Niedergangs 1667–1678

Die Krise des Jahres 1667 und die Tatsache, daß das Unterhaus
immer schwieriger zu lenken war – beständige Nachwahlen
hatten seine Zusammensetzung seit Anfang der 1660er Jahre
erheblich verändert, obwohl es erst 1679 zu einer regulären
Neuwahl kam –, ließen den König nach einer Rückversicherung
für seine Position im Ausland suchen. 1670 schloß er hinter
dem Rücken seiner meisten Minister – nur wenige waren einge-

weiht – einen Geheimvertrag mit Ludwig XIV. von Frankreich, den Vertrag von Dover. Dieser Vertrag sah ein gemeinsames politisches und militärisches Vorgehen gegen die Republik der Niederlande vor. Im Kriegsfall versprach England, seine Flotte gegen die Republik einzusetzen, während Frankreich zusagte, einen Teil der englischen Kriegskosten zu übernehmen; der Krieg von 1665–67 hatte ja gezeigt, daß England eine solche Auseinandersetzung nicht aus eigener Kraft finanzieren konnte, und auch andere protestantische Fürsten in Europa – bis hin zu den lutherischen Königen von Schweden – kassierten in diesen Jahren gern französische Subsidien.

Überdies stellte Karl in einer Zusatzklausel seine Bekehrung zum Katholizismus in Aussicht. Für diesen Fall versprach ihm Ludwig XIV. nicht nur zusätzliche Subsidien, sondern auch militärische Unterstützung, notfalls auch gegen seine eigenen Untertanen. Daß diese Klausel hochbrisant war, muß kaum betont werden, zumal sie Ludwig XIV. die Möglichkeit gab, Karl mit der Drohung, diese Vereinbarung zu veröffentlichen, zu erpressen. Karl machte sich damit von einem Herrscher abhängig, der wegen seiner expansiven Außenpolitik in ganz Europa mit tiefem Mißtrauen betrachtet wurde, besonders aber in England, wo Frankreich als Verkörperung einer katholischen Zwangsherrschaft zunehmend das alte Schreckbild Spanien ersetzte. Aber Karl mißtraute offenbar seinen eigenen Untertanen mehr als Frankreich. Selbst durch seine Herkunft halbfranzösisch und durchaus ein Bewunderer der Selbstdarstellung und der Machtfülle des Sonnenkönigs, blieb Karl II. die Abneigung seiner Untertanen gegen Frankreich zeit seines Lebens unverständlich. Im übrigen bestanden zu Frankreich bereits dynastische Verbindungen. Schon 1661 hatte Karls jüngste Schwester Henrietta Anna (1644–1670) den Bruder des französischen Königs, den Herzog von Orleans, geheiratet, und sie übernahm auch 1670 beim Vertrag von Dover Vermittlerfunktionen. Karls eigene Heirat mit Katharina von Braganza, einer katholischen, portugiesischen Prinzessin, im Jahre 1662 hatte ihn ebenfalls Frankreich nähergebracht, denn Portugal war damals mit Frankreich gegen Spanien verbündet.

Ob Karl II. allerdings 1670 wirklich die Absicht hatte, Katholik zu werden, ist eine andere Frage, aber anscheinend glaubte er, nur ein solches Versprechen könne Frankreich zu wirksamer Unterstützung veranlassen. Überdies, auch das ist deutlich, angesichts der immer noch prekären Position der Monarchie in England, schien es sinnvoll zu sein, die Stuarts im Kreis der großen katholischen Dynastien Europas fester zu verankern. Dies konnte vielleicht die Zukunft des Königshauses im Fall eines Revolutionsversuches in England und Schottland sichern. Eine protestantische Alternative zu einer solchen ausgeprägt dynastischen, nicht primär nationalen Politik gab es kaum. Immerhin verheiratete Karl II. 1677 die ältere Tochter seines Bruders, Maria, mit dem niederländischen Statthalter Wilhelm III., einem überzeugten Calvinisten.

In England selbst löste der profranzösische Kurs des Königs erhebliche Besorgnisse aus, obwohl das volle Ausmaß der Verpflichtungen, die Karl gegenüber Frankreich übernommen hatte, gar nicht bekannt war. Man fürchtete dennoch, er werde mit französischer Hilfe die Position der Church of England und des Protestantismus ebenso unterminieren wie die des Parlaments. Daß Ludwig XIV. seinerseits in Frankreich die protestantische Minderheit der Hugenotten einem immer härteren Druck aussetzte, verminderte diese Besorgnisse nicht. In Übereinstimmung mit dem 1670 geschlossenen Vertrag von Dover trat Karl II. 1672 in einen weiteren Krieg (1672–74) gegen die Niederlande ein, den er zusammen mit Frankreich führte. Um sich innenpolitisch den Rücken freizuhalten, erließ er zugleich ein Toleranzedikt, das nichtanglikanischen Protestanten, in etwas geringerem Maße allerdings auch Katholiken, weitgehende Religionsfreiheit, wenn auch keine politische Gleichberechtigung zusicherte. Als 1673 das Parlament nach fast zwei Jahren wieder zusammentrat, widerrief Karl das Edikt allerdings rasch. Stattdessen stimmte er unter dem Druck des Unterhauses einem Gesetz zu, das von allen Amtsträgern verlangte, sich zur Anglikanischen Kirche zu bekennen und das Abendmahl nach anglikanischem Ritus zu nehmen. Dieses Gesetz, der erste sogenannte Test Act (der zweite, noch strengere wurde 1678 verabschiedet), richtete sich seiner Intention nach zunächst vor allem gegen Katholiken, auch wenn er die Dissenters ebenfalls betraf.

Er zeigte auch seine Wirkung. Der Bruder des Königs, der auch dessen designierter Nachfolger war, da Karl zwar viele Kinder, aber keine legitimen Nachkommen hatte, der Herzog von York, legte seine Ämter nieder. Er war einige Jahre zuvor, vermutlich zwischen Ende 1669 und dem Sommer 1672, heimlich zum Katholizismus konvertiert, eine Entscheidung, die erst jetzt publik wurde und die Monarchie zutiefst erschüttern sollte. Als er nun im September 1673 auch noch eine, wie es schien, fanatisch katholische italienische Prinzessin aus einer frankreichfreundlichen Dynastie, Maria von Modena (1658–1718), zur zweiten Frau nahm, wurde er für viele strenge Protestanten als zukünftiger König inakzeptabel. 1674 wurden erstmals Stimmen laut, die verlangten, ihn von der Thronfolge auszuschließen, etwa zugunsten seiner eigenen Töchter aus erster Ehe oder zugunsten eines illegitimen, dafür aber protestantischen Sohnes Karls II., des Herzogs von Monmouth (1649–1685). Die Krise des Jahres 1673 ließ aus den Stuarts in den Augen vieler Engländer wieder das werden, was sie auch in den Jahren unmittelbar nach 1603 gewesen waren, eine fremde, halb schottische, halb kontinentaleuropäische Dynastie, die kein Verständnis für die Traditionen Englands besaß.

Daß es Karl II. in dieser Lage dennoch gelang, seinen Thron zu verteidigen und sogar die Grundlagen für eine langfristige Gesundung der Staatsfinanzen zu legen, deren Auswirkungen allerdings erst nach 1680 sichtbar wurden, verdankte er dem führenden Minister der Jahre 1673 bis 1679, dem Earl of Danby (Thomas Osborne, Earl of D., 1631–1712). Danby war ein entschiedener Verteidiger der Privilegien der etablierten Kirche. Das Problem, daß in Zukunft vermutlich ein Katholik Oberhaupt dieser Kirche sein würde, falls man die Thronfolge nicht änderte, suchte er dadurch zu entschärfen, daß die Krone zugunsten der Bischöfe faktisch auf das Kirchenregiment verzichtete; aber dieser Plan fand im Parlament keine Zustimmung, da dies mit den Grundprinzipien der englischen Reformation, die die Kirche ganz der weltlichen Obrigkeit unterstellt hatte, nicht vereinbar schien. Überdies gab es mittlerweile eine Opposition innerhalb und außerhalb des Parlaments, die die Thronfolge Jakobs II. um jeden Preis verhindern und die Vollmachten der Krone auch in weltlichen Angelegenheiten deutlich beschränken wollte. Nur dies schien eine ausreichende Absicherung gegen eine gegenreformatorische Politik, aber auch gegen einen Absolutismus nach französischem Vorbild zu bieten. Die Stunde dieser Opposition schlug 1678. Titus Oates (1649–1705), ein anglikanischer Geistlicher, der in seiner nicht eben geradlinigen Karriere auch schon einmal ein Priesterseminar der Jesuiten in Spanien besucht hatte, deckte eine vermeintliche katholische Verschwörung auf, die darauf abzielte, den König zu ermorden, um seinen Bruder auf den Thron zu setzen. Oates' Enthüllungen waren kaum mehr als ein Gespinst aus Lügen, die aber von der protestantischen Öffentlichkeit nur allzu gern für bare Münze genommen wurden. Karl II. geriet unter einen enormen Druck, sich dem antikatholischen Furor anzuschließen. Er sandte seinen unbeliebten katholischen Bruder in der Tat ins Exil erst ins Ausland, dann später nach Schottland, und sah zu, wie mehr als ein Dutzend angebliche katholische Verschwörer, überwiegend Geistliche, als Hochverräter zu Tode gemartert und hingerichtet wurden.

Die Exclusion Crisis und die zweite Restauration 1678–1685

Als die Whigs, wie die militanten Protestanten, die die Autorität der Krone einschränken wollten, nunmehr genannt wurden, jedoch ultimativ den Ausschluß des Herzogs von York von der Thronfolge verlangten, widersetzte der König sich diesem Ansinnen. Durch die taktisch ungeschickte und übereilte Auflösung des seit 1661 tagenden Parlaments – Neuwahlen hatte es bisher nicht gegeben – im Januar 1679 spielte er freilich zunächst seinen Gegnern in die Hände. Das erste sogenannte Exclusion Parliament, das im März 1679 zusammentrat, war im Unterhaus durch eine klare Mehrheit von Abgeordneten beherrscht, die offen eine Änderung der Thronfolge verlangten.

Weniger klar waren allerdings die Mehrheitsverhältnisse im Oberhaus, wo der König sich nicht zuletzt auf die 26 anglikanischen Bischöfe stützen konnte, die ihm treu ergeben waren. Freilich drohte eine Wiederholung der Situation von 1641, als der Londoner Mob immer stärkeren Druck auf das Oberhaus ausgeübt und es am Ende gefügig gemacht hatte. Die Führer der Whigs, allen voran Anthony Ashley Cooper, der erste Earl of Shaftesbury, der der Patron John Lockes und ein ehemaliger Minister des Königs war, zögerten keineswegs, die Londoner Bevölkerung mit allen Mitteln für sich zu mobilisieren.

Karl II. entschied sich angesichts dieser Bedrohung zu taktischen Zugeständnissen und für hinhaltenden Widerstand, der die Gegenseite zermürben sollte. Zwischen Januar 1679 und März 1681 fanden insgesamt drei Parlamentswahlen statt, in deren Verlauf die Partei der Whigs sich zunehmend radikalisierte, sich damit aber auch potentiell isolierte. Auf der Gegenseite formierten sich die königstreuen Anglikaner, die als Tories bezeichnet wurden, um die Monarchie und die Staatskirche zu verteidigen, denn ein Sieg der Whigs hätte sicherlich auch die Position der Dissenters deutlich verbessert, bis hin zu ihrer gleichberechtigten Aufnahme in die Staatskirche.

Karl II. und die Tories mobilisierten ihre Anhänger auch deshalb vor allem über die Kirche. Die Bischöfe standen weitgehend geschlossen hinter dem König, und das galt auch für die Mehrheit der einfachen Geistlichen. Als im März 1681 das dritte Exclusion Parliament im royalistischen Oxford – nicht etwa in London – zusammentrat, löste es der König nach sieben Tagen wieder auf und regierte fortan bis zu seinem Tod ohne Parlament. Durch höhere Zolleinnahmen und französische Subsidien war er in Friedenszeiten finanziell nicht mehr auf das Parlament angewiesen. Die Drohkulisse einer Revolution, die die Whigs aufgebaut hatten, fiel in sich zusammen, denn die Bevölkerung wollte überwiegend keinen zweiten Bürgerkrieg, der als Möglichkeit am Horizont stand. Vergleicht man die Situation von 1681 mit der zu Beginn des Bürgerkrieges 1642, fällt ein Unterschied sogleich ins Auge: 1641 und 1642 hatte sich die Opposition in England zumindest zeitweilig auf die Unterstützung durch die aufständischen Schotten verlassen können, während umgekehrt der Versuch Karls I., in England die Ordnung wiederherzustellen, auch am Aufstand in Irland im Herbst 1641 gescheitert war.

1681 war die Lage in Schottland und Irland jedoch eine ganz andere. In Irland hatten die früheren Anhänger Cromwells selber die Restauration 1660 aktiv mitgetragen; wichtig war ihnen vor allem, sich gegen mögliche Versuche der katholischen Landbesitzer abzusichern, die ihr in den 1650er Jahren konfisziertes Land zurückerlangen wollten. Damals hatten die englische Republik und Cromwell die meisten Angehörigen der katholischen Oberschicht, aber auch einige königstreue Protestanten weitgehend enteignet und zum Teil in den Westen des Landes nach Connaught deportiert. Karl II. tastete nach 1660 im Kern die neuen Besitzverhältnisse in Irland nicht an, trotz begrenzter Entschädigungsmaßnahmen zugunsten royalistischer Protestanten und einiger weniger katholischer Familien. Insgesamt arrangierten sich sowohl die Cromwellians – oft als Soldaten ins Land gekommene neue Landbesitzer – als auch, trotz aller Unzufriedenheit, die Katholiken mit der Herrschaft der Stuarts. Die Katholiken hatten erkannt, daß ein protestantischer König mit Sympathien für den Katholizismus immer noch besser war, als eine radikalprotestantische Republik, wie sie sie in den 1650er Jahren erlebt hatten, und die alten Anhänger der Herrschaft Cromwells hatten zu viel Angst vor der katholischen Bevölkerungsmehrheit, um sich erneut auf republikanische oder kryptorepublikanische Experimente einzulassen. Im übrigen wurde das Land über lange Jahre vom Herzog von Ormonde regiert, der persönlich zwar Protestant war, aber als Abkömmling einer Adelsfamilie, die schon seit dem Mittelalter im Lande ansässig war, doch auch bei Katholiken Anerkennung genoß, zumal viele seiner Verwandten Katholiken waren. Die Hoffnung auf eine Revision der Besitzverhältnisse, respektive die Furcht davor, stellten sicherlich einen Unruhefaktor in Irland da. Wie potentiell explosiv die Lage war, sollte sich aber erst nach 1685 zeigen.

In Schottland hatte das Parlament nach der Restauration alle Gesetze, die nach 1633 verabschiedet worden waren, widerrufen, und damit auch alle Maßnahmen der Covenanters seit 1638. Die Machtfülle, über die der König und seine Anhänger verfügten, war also zumindest juristisch größer als in England. Die schottische Kirche wurde erneut und gründlicher als vor 1640 dem Regiment von Bischöfen unterworfen, die sich aber in erster Linie als Beauftragte der Regierung zur Kontrolle des kirchlichen Lebens verstanden, anders als die englischen Bischöfe mit ihrer Vorstellung von einem Bischofsamt von Gottes Gnaden. Nach 1660 regierte der Earl of Lauderdale – er stammte aus einer streng calvinistischen Familie hoher schottischer Amtsträger – Schottland bis 1679/80 als faktischer Vizekönig Karls II. mit harter Hand. Es kam allerdings mehr als einmal zu kleineren Rebellionen und spektakulären Akten politischer Gewalt. 1679 wurde der Erzbischof von Glasgow, James Sharp, von radikalen Presbyterianern ermordet. Im Südwesten des Landes – der Hochburg der militanten Presbyterianer – fand ein religiös motivierter Aufstand statt. Dieser wurde allerdings vom Herzog von Monmouth niedergeworfen, und dessen Halbbruder, der aus England verbannte Herzog von York, übernahm im Herbst 1679 die Herrschaft über Schottland, wo er sich mit einer längeren Unterbrechung bis zum März 1682 aufhielt. Er verlangte von allen Amtsträgern und Inhabern politischer Rechte – bis hin zu denjenigen, die für das Parlament wahlberechtigt waren –, daß sie einen vom Parlament verabschiedeten Loyalitätseid schworen, der sie u. a. dazu verpflichtete, die protestantische Bischofskirche und ihn selber als Thronfolger und damit auch als zukünftiges katholisches Oberhaupt dieser Kirche vorbehaltlos anzuerkennen.

Die meisten, aber nicht alle Adligen und Würdenträger waren bereit, sich dem zu unterwerfen. Der Führer des mächtigen Clans der Campbells, der Earl of Argyll, erhob allerdings Einwände gegen Teile der Eidesformel. Er wurde daraufhin verhaftet und nach seiner Flucht in die Niederlande in absentia zum Tode verurteilt. Wirksamen Widerstand vermochte er nicht mehr zu organisieren. Zu verhaßt waren die Campbells in den westlichen Highlands bei anderen schottischen Clans. Die politische und kirchliche Ordnung Schottlands war 1681/82 keineswegs gegen Erschütterungen gefeit, und die Gegensätze zwischen strengen Presbyterianern und «Episcopalians», aber auch zwischen Highlands und Lowlands waren enorm – aber eines war dennoch deutlich: Es würde nicht noch einmal wie 1638–39 eine handlungsfähige Koalition zwischen wichtigen adligen Magnaten und radikalen Geistlichen und ihren Anhänger unter der Masse der Bevölkerung geben, die sich gegen die Herrschaft des Königs richtete. Das Regiment des Herzogs von York war bei der politisch-sozialen Elite populär, schon deshalb, weil man vor den fanatischen Presbyterianern sehr viel mehr Angst hatte als vor einem katholischen Thronfolger, der doch offenbar bereit war, sich mit der von Bischöfen regierten protestantischen Kirche zu arrangieren. Überdies waren große Teile des Adels jetzt auch finanziell von der Krone abhängig, abgesehen davon, daß die Stuarts als schottische Dynastie gerade dann, wenn sie in Konflikte mit ihren englischen Untertanen verwickelt waren, auf ein erhebliches Maß an Loyalität in ihrer Heimat rechnen konnten, namentlich in den nordöstlichen Lowlands und in weiten Teilen der Highlands.

Schottland war somit 1681 ganz anders als 40 Jahre zuvor ein Königreich, in dem die Autorität der Krone zumindest für den Moment fester etabliert war als in England. Auch in England leitete der König nach dem Sieg über seine Gegner jedoch Maßnahmen ein, die die Machtbasis der Whigs auf immer zerstören sollten. Vor allem wurde die Reihen der lokalen Amtsträger gesäubert; das galt für die Friedensrichter, aber auch für die städtischen Magistrate. Mit Hilfe einer loyalen Richterschaft – Richter mit abweichenden Meinungen konnte der König sofort entlassen, und von dieser Möglichkeit macht er nun auch extensiv Gebrauch – hob Karl II. alte Stadtrechte auf. Wenn die Städte, wie etwa London, dessen Charter ebenfalls aufgehoben wurde, neue Privilegien erhielten, war das mit einer Veränderung der Stadtverfassung verbunden, die sicherstellte, daß die entscheidenden Ämter im Besitz von Tories waren. Da die meisten Abgeordneten des Parlaments Städte repräsentierten, konnte man damit auch die Zusammensetzung eines zukünftigen Parlamentes sehr direkt steuern.

War dies alles ein Sieg des Absolutismus über das Parlament und seine Rechte? So wurden die Dinge sicherlich von vielen Kritikern gesehen, die nun erkannten, wie verletzlich alle Freiheitsrechte in einem System waren, in dem die Krone die Justiz ganz in den Dienst ihrer Politik stellen konnte, letztlich, und dies entbehrt nicht einer gewissen Ironie, sehr viel stärker als dies Ludwigs XIV. vermochte, der ja in der Regel noch nicht einmal normale Steuerbeamte entlassen konnte, geschweige denn die Richter der obersten Gerichtshöfe. Ludwig XIV. vermied es im übrigen auch konsequent, die Besitztitel und Privilegien von Amtsinhabern anzutasten. In soweit war die Herrschaft Karls II. in England nach 1681 eigentlich radikaler in der Durchsetzung königlicher Machtansprüche als die des Sonnenkönigs.

Mochten schon die Maßnahmen, die Karl II. und die Tories gegen die Whigs in England ergriffen, brutal erscheinen, so fiel die Unterdrückung jedweder Opposition in Schottland ab 1681 noch sehr viel drastischer aus. Hier konnten sich die Stuarts auch schon 1681 auf ein Parlament stützen, das ihnen alle notwendigen Vollmachten und finanziellen Mittel zur Verfügung stellte. Mangels jeglichen Schutzes vor willkürlicher Verhaftung und dank der Möglichkeit, auch Folter gegen verdächtige Personen einzusetzen, konnten politische Gegner in Schottland leichter als in England ausgeschaltet werden. Überdies wurden hier auch in großem Stil reguläre Truppen und Highlander gegen die Opposition eingesetzt, etwa indem man die Soldaten in bestimmten Dörfern und Städten, die als Hochburgen des Widerstandes galten, einquartierte.

Die Repressionsmaßnahmen erreichten ihren Höhepunkt gegen Ende der Herrschaft Karls II. 1684 veröffentlichte der schottische Lord Advocate George Mackenzie eine Rechtfertigungsschrift für diese Form absoluter Herrschaft, die er *Ius Regium* nannte. Allerdings, und dies ist wichtig, selbst Mackenzie beharrte darauf, daß der König Parlamentsgesetze nur unter Mitwirkung des Parlaments selber aufheben könne. Von einer gänzlich uneingeschränkten Herrschaftsgewalt konnte also am Ende doch nicht die Rede sein. Freilich mußte Mackenzie sein Amt unter Jakob II. aufgeben, der auch in Schottland die politische Gleichberechtigung der Katholiken erzwingen wollte und erkennen mußte, daß er dies nur kraft seiner absoluten Autorität als König vermochte, ohne, ja sogar gegen das Parlament.

Karl I. war es 1681/82 wie einst Heinrich IV. vom Frankreich nach 1594 in der Endphase der Französischen Religionskriege gelungen, seine Gegner in England und Schottland zu besiegen, und es gab zeitgenössische Autoren, wie den royalistisch gesinnten John Dryden, die diese Parallele bewußt betonten und die Whigs mit der ultrakatholischen Liga gleichsetzten – potentielle Königsmörder waren in dieser Perspektive beide. Allerdings war auch klar, daß spätestens ein Krieg mit einer auswärtigen Macht doch eine erneute Einberufung des Parlamentes erzwingen würde, und die Whigs blieben durchaus eine potentiell reaktivierbare politische Kraft, denn die Gräben, die die erbitterten Auseinandersetzungen der Jahre 1678 bis 1681 aufgerissen hatten, ließen sich so leicht nicht zuschütten. Ebensowenig ließen sich die Dissenters durch Unterdrückungsmaßnahmen kurzfristig zum Verschwinden bringen. Vor allem aber hatte der König seinen Sieg nur im Bündnis mit der anglikanischen Kirche und den Tories erreicht. An dieses Bündnis blieb er gebunden; es war jedoch keineswegs stabil, denn das katholische Bekenntnis des Thronfolgers unterminierte diese Zusammenarbeit von Anfang an.

Dennoch konnte man in den letzten Regierungsjahren Karls II. den Eindruck haben, daß die Restauration, die so lange unvollendet geblieben war, nun zum Abschluß kam. Dazu gehörte auch der Umstand, daß es der Krone gelungen war, ein kleines, aber bei inneren Unruhen durchaus schlagkräftiges Heer aufzubauen, das 1685–86 in England etwa 20 000 Mann umfaßte (bis 1688 wurde es auf knapp 40 000 Mann vergrößert), mit zusätzlichen Einheiten in Irland und Schottland, zu denen weitere 10 000 bis 15 000 Soldaten gehörten. Im europäischen Vergleich war das eine recht kleine Streitmacht, aber doch ausreichend, um schlecht oder gar nicht bewaffnete Aufständische zu bekämpfen.

Karl II. verließ sich jedoch keineswegs primär auf militärische Machtmittel, um seine Position auszubauen. Mehr denn je betonte er jetzt den sakralen Charakter seiner Herrschaft. In den frühen 1680er Jahren wurde das Schloß in Windsor ausgebaut. Vor allem die Palastkapelle, deren Neudekoration der König selber überwachte und die ein zentraler Ort für die Liturgie einer sakral legitimierten Herrschaft war, erstrahlte jetzt in barockem Glanz. Die Wand- und Deckengemälde zeigten unter anderen Christus, wie er die Kranken heilte – das Vorbild für die Wunderheilungen des Königs, zu denen jetzt mehr Menschen denn je kamen, 1682 allein an die 8000. Das Hofzeremoniell, lange eher locker gehandhabt, wurde überdies deutlich strenger, nicht nur aus Sicherheitsgründen, sondern um symbolisch die Majestät und Autorität des Königs sichtbar zu machen. Das hinderte den König freilich nicht, sich außerhalb seiner Residenzen an Orten wie Newmarket, wo er regelmäßig die Pferderennen besuchte, weiter wie ein lebenslustiger simpler Landedelmann zu verhalten, der den Kontakt mit einfachen Leuten nicht scheute. Seine Leutseligkeit brachte ihm unter anderem den durchaus anerkennend gemeinten Spitznamen Old Rowley – nach einem bekannten Rennpferd und Zuchthengst – ein.

Seinen stärksten Ausdruck sollte die wiedergewonnene Autorität der Krone in den 1680er Jahren in einer neuen Residenz erhalten: Schloß Winchester. Inspiriert sicherlich auch vom Vorbild von Versailles sollte hier in den letzten Regierungsjahren Karls II. ein gewaltiger Palast entstehen – in sicherer Distanz zu London, aber auch an einem symbolischen Ort, denn in Winchester hatte angeblich König Artus mit seiner Tafelrunde Hof gehalten. Doch bevor das neue Schloß vollendet werden konnte, starb Karl II. am 6. Februar 1685. Auf dem Totenbett bekehrte er sich zum Katholizismus. Der Einfluß seines Bruders spielte hier sicherlich eine Rolle, aber bei der Konversion handelte es sich wohl auch um eine Art spirituellen Vertrag von Dover, eine Rückversicherung für das eigene Überleben, allerdings nicht in dieser, sondern in jener Welt. So wie sich Karl 1670 durch einen Geheimvertrag mit Frankreich gegen eine Revolution in England hatte absichern wollen, so nun durch seine Bekehrung gegen Gottes Strafgericht.

Jakob II. 1685–1688

Unter den Königen des Hauses Stuart, die über England herrschten, ist Jakob II. sicherlich auf den ersten Blick eine der am wenigsten attraktiven Gestalten. Er verband auf eine seltsame Weise die völlige Unfähigkeit, Kritik an seiner Politik zu verstehen, mit einem ausgeprägten Mangel an Mut, wenn es galt, unpopuläre Entscheidungen gegen Widerstände durchzusetzen. Zumindest traf dies für seine Jahre als König in England zu, denn als Soldat hatte er in jüngeren Jahren durchaus Mut und Tatkraft bewiesen. Dennoch kann man nicht darüber hinwegsehen, daß er 1685 die Regentschaft über ein Land übernahm, in dem sich kaum noch offene Opposition gegen eine autoritäre Monarchie und ihre recht umfassenden Herrschaftsansprüche regte und in dem selbst sein katholisches Bekenntnis zumindest von den Tories, wenn auch nicht ohne innere Vorbehalte (die sich auch in der Hoffnung äußerten, die Krone werde nach seinem Tod auf seine protestantische Tochter Maria übergehen), akzeptiert worden war. Innerhalb von drei Jahre verspielte er dieses Kapital und verlor selbst bei den Tories fast jegliche Unterstützung, ohne in ausreichendem Maße neue zuverlässige Verbündete zu gewinnen, so daß er 1688 sein Reich auf der Flucht vor seinem eigenen Schwiegersohn verlassen mußte.

Ein Schlüssel für Jakobs Haltung sind sicherlich seine religiösen Überzeugungen. Als Zweitgeborener, dessen Thronfolge zunächst als wenig wahrscheinlich erscheinen mußte, zumal er glaubte, er werde relativ jung, also vor seinem Bruder, sterben, hatte er eher als der Erstgeborene die Möglichkeit, seinen persönlichen und religiösen Neigungen nachzugehen, ohne damit den Thronanspruch der Dynastie unmittelbar zu gefährden. Auch in anderen Königs- und Fürstendynastien kam es vor, daß die Vertreter von Nebenlinien das konfessionelle Bekenntnis der Hauptlinie aufgaben. Jedenfalls glaubte Jakob offenbar, sich den Luxus relativ exzentrischer konfessioneller Überzeugungen – und in England war der Katholizismus exzentrisch – leisten zu können.

Als Jakob wohl zwischen Ende 1669 und 1672 – der genaue Zeitpunkt läßt sich nicht feststellen – Katholik wurde, war er offenbar der ehrlichen Überzeugung, nur so sein Seelenheil retten zu können. Dabei mögen das Vorbild seiner ursprünglich protestantischen ersten Frau Anne, die wenige Jahre vor ihrem Tode (1671) katholisch wurde, und seines eigenen militärischen Mentors aus der Jugendzeit, des französischen Marschalls Turenne (ursprünglich war Turenne Hugenotte, trat aber 1668 zum Katholizismus über), auch eine Rolle gespielt haben. Für Jakob schien die katholische Kirche, die anders als die anglikanische eine klare Lehrautorität besaß, jene eindeutigen Antworten zu bieten, nach denen er suchte und die er im Protestantismus nicht fand. Ein konsequenter theologischer Rationalismus und der Glaube an Hierarchie und Autorität verbanden sich für ihn im Katholizismus auf plausible Weise. Mit dieser Einschätzung stand er sicherlich im späten 17. Jahrhundert nicht allein, in England, allerdings blieb seine Position die einer sehr kleinen Minderheit.

Mit seiner Konversion, dies ist ein Punkt, den Steve Pincus jüngst betont hat, schloß sich Jakob II. 1668 weniger der kleinen Zahl englischer Katholiken an, oft Mitglieder von Familien, die mehr als ein Jahrhundert der Verfolgung überlebt hatten, dabei aber auch mancherlei Kompromisse eingegangen waren, er wandte sich vielmehr einer Form des Katholizismus zu, die wesentlich französisch geprägt war. Es war der Katholizismus, den er im Exil und durch seine Mutter kennengelernt hatte und der damals seine größte spirituelle und intellektuelle Kraft entfaltete, verkörpert durch Bischöfe wie Bossuet und Fénelon, aber auch den Jansenisten Antoine Arnauld und den Begründer der Trappistenkongregation, den asketischen Abt Bouthillier de Rancé (1626–1700). Dieser spirituellen Intensität hatte die Church of England damals wie heute wenig entgegenzusetzen. Folgt man Steve Pincus, dann hatte diese katholische Haltung auch klar politische Implikationen. Wie Ludwig XIV. habe sich Jakob II. keineswegs dem Papst unterwerfen wollen, sondern sich auch und gerade als Katholik als Herrscher über eine nationale Kirche gesehen, die er nach seinem Gutdünken ähnlich selbstherrlich wie seinerzeit Heinrich VIII. regieren konnte. Nur in dogmatischen Fragen habe er eine Lehrautorität des Papstes

anerkannt, ganz nach dem Vorbild der sogenannten Gallika-
nischen Freiheiten der Kirche Frankreichs, die sein Vorbild
Ludwig XIV. in den 1680er Jahren kompromißlos gegen Rom
verteidigte. Zudem sei diese Variante des Katholizismus un-
trennbar mit einer absolutistischen Regierungsweise verbunden
gewesen, die letztlich keine unabhängigen Rechte der Untertanen auf Eigentum und Freiheit anerkannte. Ziel des Königs sei
ganz eindeutig die weitgehende Durchsetzung des Katholizismus als Staatsreligion in England möglichst noch zu seinen Lebzeiten gewesen und dies mit allen, notfalls auch gewaltsamen
Mitteln (Pincus, 1688, S. 118–143).

Richtig daran ist sicherlich, daß Jakob II. glaubte, verpflichtet
zu sein, seinen eigenen Glaubensgenossen eine weitgehende Toleranz gewähren zu müssen, die er allerdings – das war zumindest vor 1688 seine Politik in England und Schottland – auch
anderen Gruppen bereit war zuzugestehen. Überdies glaubte er,
daß das Prinzip der Glaubensfreiheit, auch wenn davon Dissenters ebenso wie Katholiken profitierten, mittelfristig vor allem
dem Katholizismus zugute kommen würde. Er erwartete also,
daß sich die meisten seiner Untertanen eines Tages zum Katholizismus bekehren würden. Allerdings wird er eine solche mas-
sive Bekehrungswelle, für die es im übrigen zwischen 1685 und
1688 nicht die geringsten Anzeichen gab, kaum während seiner
eigenen Regierungszeit erwartet haben, und es spricht vieles dafür, daß ab 1686 seine Wendung zu einer weitgehend toleranten
Politik durchaus ernst gemeint war, auch wenn sie mit der Hoffnung auf ein deutliches Wachstum katholischer Gemeinden und
eine allmähliche Marginalisierung des Protestantismus verbunden war. Auffällig ist jedenfalls, daß Jakob II., obgleich er vor
1688 versuchte, Katholiken einen gleichberechtigten Zugang zu
allen politischen und militärischen Ämtern zu verschaffen, weiterhin auch von Protestanten umgeben blieb. Sein Hofstaat, den
er relativ leicht nach seinen rein persönlichen Vorstellungen
hätte neu ordnen können, wurde keineswegs ausschließlich zu
einer Domäne der Katholiken, auch wenn ihre Zahl am Hof
deutlich anstieg (Barclay, Household). Auch in der Armee bildeten sie in England, anders als in Irland, eine kleine Minderheit,

was allerdings auch daran lag, daß es gar nicht möglich gewesen wäre, sehr viel mehr Katholiken als Offiziere einzustellen oder als Soldaten zu rekrutieren.

Von den Kritikern des Königs wurde die Toleranzpolitik freilich vor allem als eine Waffe gesehen, die dazu diente, den Protestantismus insgesamt zu unterminieren. Richtig daran ist, daß diese Toleranzpolitik weniger Ausdruck aufgeklärter politischer Grundsätze war, wie später nach 1688 unter Wilhelm III., sondern eher Ausdruck der Überzeugung des Königs, daß er als alleiniger Inhaber der absoluten Kirchengewalt jeder konfessionellen Gruppe Glaubensfreiheit gewähren könne, auch wenn dies im Widerspruch zu Parlamentsgesetzen stand. Eine Säkularisierung seiner Konzeption von Politik war damit nicht verbunden. Im Gegenteil, noch stärker als sein Bruder in seinen letzten Jahren betonte Jakob II. die sakralen Elemente seiner Herrschaft und sein Gottesgnadentum, nur daß für ihn die barocke Sakralmonarchie, die die Stuarts nach 1660 schrittweise geschaffen hatten, im Katholizismus ein sehr viel festeres Fundament fand als im Glauben der Anglikanischen Kirche mit ihren vielen Formelkompromissen und ihrem zweideutigen Verhältnis zur performativen Kraft der kirchlichen Riten wie der Messe. Daß er zu Gottesdiensten, bei denen er die Skrofeln heilte, katholische Priester hinzuzog, war somit nur konsequent, auch wenn er damit seine anglikanischen Anhänger vor den Kopf stieß.

In seinen eigenen Augen mußte seine Politik wie die Vollendung der zweiten Restauration der Jahre 1681 bis 1685 erscheinen, obwohl sie faktisch die Grundlagen dieser Restauration zerstören sollte. Als sich im Mai 1685 das englische Parlament versammelte, war es fast ausschließlich von Tories dominiert. Die Whigs hatten sich kaum mehr als ein Zehntel der Sitze sichern können. Mit Enthusiasmus gewährte das Parlament dem König genug Steuern und Abgaben, um in Friedenszeiten alle Ausgaben finanzieren zu können. In Schottland und im Westen Englands kam es allerdings noch im Mai und Juni zu Aufständen gegen den neuen König. Die Aufstände – in England geführt von Jakobs Halbbruder Monmouth, in Schottland vom Earl of

Argyll, der seinen Wunsch entdeckt hatte, als presbyterianischer Märtyrer zu sterben – wurden jedoch von der Armee niedergeschlagen und die Führer der Rebellion und mehrere hundert andere Rebellen wurden hingerichtet oder in die Kolonien als Zwangsarbeiter verschifft. Erste Probleme traten allerdings im Herbst auf, als das neu einberufene Parlament gegen die Übertragung von Offizierspositionen in der Armee an Katholiken protestierte. Jakob löste das Parlament Ende November kurzerhand auf und setzte in den folgenden Monaten die Test Acts von 1673 und 1678 mit ihren Bestimmungen gegen Katholiken und Dissenters weitgehend außer Kraft. Zunehmend übernahmen prominente Katholiken wichtige Ämter am Hof bis hin zum Jesuiten Father Petre, den Jakob Ende 1687 zum Privy Councillor ernannte.

Noch beunruhigender für viele Protestanten waren freilich die Vorgänge in Irland. Dort hatte Jakob II. schon 1686 den Oberbefehl über die königlichen Streitkräfte einem Katholiken, Richard Talbot, übertragen, der systematisch protestantische durch katholische Soldaten und Offiziere ersetzte. Im Januar 1687 übernahm Talbot, der den Titel eines Earl of Tyrconnel erhielt, auch die zivile Regierung über das Land als Statthalter. Innerhalb kurzer Zeit wurden die Gerichte und weite Teile der Verwaltung von Protestanten gesäubert. Die Armee selber war im Herbst 1688 zu 90% katholisch. Klar war, daß Tyrconnel auch eine Revision des Land Settlement von 1660 anstrebte, auch wenn unklar blieb, in welchem Umfang der König bereit war, ihn hier gewähren zu lassen. Das Land sollte umverteilt werden, so daß die vor 1660 enteigneten Familien ihren Besitz größtenteils zurückerhielten oder doch großzügig entschädigt werden konnten. Diese Pläne, die bald publik wurden, konnten durchaus als ein Angriff auf die Position der Protestanten in allen drei Stuart-Königreichen erscheinen, falls man sie nicht als Versuch interpretierte, Irland über kurz oder lang von England loszulösen. Jedenfalls lehnten auch prominente englische Katholiken, die ihre eigene – unter Jakob erheblich gestärkte – Position durch die Radikalität dieser Politik gefährdet sahen, die Vorstellungen Tyrconnels und seiner Ratgeber vehement ab.

Das änderte aber nichts daran, daß die Glaubwürdigkeit Jakobs II. als englischer König, der auch seine protestantischen Untertanen zu schützen vorgab, durch seine Zusammenarbeit mit den irischen Katholiken 1687–88 drastisch reduziert wurde.

Freilich wurden auch in England selbst radikale Veränderungen in die Wege geleitet. So sollten sich die englischen Universitäten, bislang eine Hochburg der anglikanischen Kirche, gegenüber Katholiken öffnen. Magdalen College in Oxford wurde unter Aufhebung seiner bisherigen Statuten und Privilegien faktisch in ein katholisches Priesterseminar umgewandelt. Zugleich erließ der König, gestützt nur auf seine Prärogative, 1687 eine Toleranzerklärung, die sowohl den Katholiken als auch den nichtanglikanischen Protestanten eine uneingeschränkte Glaubensfreiheit gewährte. Mittlerweile war überdeutlich geworden, daß die Tories, die 1685 Jakob so enthusiastisch als Herrscher begrüßt hatten, nicht bereit waren, diese Politik mitzutragen. Jakob ließ sie daher fallen und setzte seit 1687 immer mehr auf ein Bündnis mit seinen alten Gegnern, den Whigs, denen er ja immerhin Glaubensfreiheit versprach. Systematisch wurden die Bänke der Friedensrichter in den Grafschaften von anglikanischen Tories gesäubert, an deren Stelle Katholiken und Dissenters traten, nicht selten Männer von bescheidener Herkunft, die die alte landbesitzende Elite zu marginalisieren drohten, ein Umstand, der auf fatale Weise an die 1650er Jahre erinnerte. Die Haltung der neuen Verbündeten des Königs, der Dissenters, zu Jakob II. blieb jedoch ambivalent, denn es war unklar, ob man seiner Toleranzpolitik trauen konnte, und zu sehr war der radikale Protestantismus in England mit dem Kampf für bürgerliche Freiheitsrechte verbunden, als daß man das autoritäre Regiment des Königs, das wenig Respekt für formale juristische Regeln zeigte, wirklich hätte akzeptieren können. Allerdings waren die Dissenters gespalten, und eine prominente Minderheit, darunter der Quäker William Penn, war bereit, sich auf eine Zusammenarbeit mit dem König einzulassen. Dies geschah allerdings in der Annahme, daß England in 10 bis 15 Jahren wieder von einem Protestanten regiert werden würde, denn ein katholischer Thronfolger war zunächst nicht in Sicht.

Ungünstig waren für den König allerdings die außenpolitischen Rahmenbedingungen seiner Herrschaft. Jakob II. war zwar in Wirklichkeit keineswegs ein unkritischer Bewunderer Ludwigs XIV., verfolgte aber dennoch wie schon sein Bruder eine profranzösische Außenpolitik und galt aus der Sicht englischer Protestanten als gehorsamer Gefolgsmann des Sonnenkönigs. Nun hatte sich Ludwig XIV. jedoch 1685 entschlossen, das 1598 gewährte Toleranzpatent für die Hugenotten aufzuheben. Mehr als 50000 französische Protestanten flohen nach England und Irland, wo sie Jakob II. nur widerwillig aufnahm. In England berichteten sie über die grausame Verfolgung aller Protestanten, die Ludwig XIV. angeordnet hatte. Daß Jakob II. früher oder später eine ähnliche Politik verfolgen würde, war zwar keine realistische Annahme, aber viele Protestanten in England und Schottland, noch mehr aber in Irland sahen nun ihren Glauben und ihren Besitz ganz unmittelbar durch eine katholische Willkürherrschaft nach französischem Vorbild bedroht.

Dazu kam ein Zweites. Die expansive Außenpolitik Ludwigs XIV. wurde in Europa weithin als Bedrohung gesehen. Sie schien in den späten 1680er Jahren aggressiver denn je zu sein. Das Bündnis Jakobs II. mit Frankreich – auch wenn der König vermutlich gar nicht die Absicht hatte, Frankreich aktiv militärisch zu unterstützen – wurde nicht nur in England als Gefahr angesehen, sondern auch in den Niederlanden, die von Jakobs Schwiegersohn Wilhelm III. regiert wurden. Um die Freiheit der Niederlande gegen Frankreich, das das Land schon in den 1670er Jahren einmal zu großen Teilen besetzt hatte, zu verteidigen, war es vor allem notwendig, die englische Flotte zu neutralisieren. Es durfte also nicht zu einer offenen Zusammenarbeit zwischen Jakob II. und Frankreich kommen. Überdies hoffte der niederländische Statthalter – zunächst auf friedlichem Wege – die Erbansprüche seiner Frau auf den englischen Thron einlösen zu können, denn die zweite Ehe des englischen Königs war bis dahin kinderlos geblieben.

Diese Hoffnung wurde ihm überraschend genommen, als am 10. Juni 1688 Maria von Modena, die Königin, nach vielen

Fehlgeburten in früheren Jahren einen Sohn gebar, der allem Anschein nach gesund und überlebensfähig war. Damit schien die Zukunft der Stuarts als einer katholischen Dynastie in England gesichert zu sein. Kurz zuvor hatte Jakob II. eine zweites umfassendes Toleranzpatent zugunsten der Dissenters und der Katholiken erlassen, das auch die anglikanischen Geistlichen von der Kanzel verlesen sollten, um seine Wirksamkeit zu garantieren. Diese offene Demütigung der Church of England und ihrer Führer nahmen die Bischöfe jedoch nicht hin. Erzbischof Sancroft von Canterbury, ein überzeugter Anhänger des Gottesgnadentums und des leidenden Gehorsams gegenüber Tyrannen, aber auch des biblischen Prinzips, daß man Gott mehr gehorchen müsse als den Menschen, und sechs weitere Bischöfe protestierten und untersagten den Geistlichen in ihren Diözesen das Verlesen der Declaration of Indulgence. Statt nachzugeben, stellte der König die Bischöfe vor Gericht, um sie wegen Verleumdung der Krone verurteilen zu lassen; doch die Londoner Geschworenen sprachen sie Ende Juni frei. Der Bischof von London und sechs weltliche Mitglieder der Aristokratie, sowohl Whigs als auch Tories, forderten daraufhin Wilhelm von Oranien auf, in England zu intervenieren.

Durch ihren gewaltlosen Protest hatten die sieben Bischöfe die Legitimität der Herrschaft des Königs wirksam in Frage gestellt. War damit der Sturz des Königs unvermeidlich geworden? Diese Frage kann man nicht ohne weiteres bejahen, denn der König konnte immer noch ein neues Parlament wählen lassen, in dem er dank seiner Intervention in das politische Leben vieler Städte, deren Stadtregiment er nach 1685 nochmals in seinem Sinne reformiert hatte, möglicherweise doch eine Mehrheit für seine Politik der autoritären konfessionellen Toleranz erhalten hätte. Im September schrieb er auch in der Tat Wahlen aus, widerrief diese Entscheidung allerdings kurz danach, als sich eine Invasion niederländischer Truppen in England abzeichnete. Es war letztlich diese Intervention von außen, die den König zu Fall brachte, denn das Potential für eine wirkliche Revolution von Innen gab es in England im Herbst 1688 noch nicht. Erleichtert wurde dem Oranier sein riskantes militäri-

sches Unternehmen – immerhin hatte die Zeit der Herbststürme
schon begonnen – durch den französischen Angriff auf die Pfalz
im Oktober, der ein gleichzeitiges Vorgehen gegen die Niederlande unmöglich machte.

Nachdem sein Schwiegersohn am 5. November mit seinem
Heer in Torbay in Westengland gelandet war, verlor Jakob II.,
dem die Kontrolle über den Verlauf der Krise schon im Sommer
zunehmend entglitten war, vollends die Nerven. Er besaß nicht
mehr die Kraft, seine trotz einiger Desertionen auch von höheren Offizieren vermutlich immer noch leidlich schlagkräftigen
Truppen gegen die Niederländer einzusetzen und floh im Dezember schließlich überhastet aus England nach Frankreich;
und selbst diese Flucht mißlang ihm zunächst; aber Wilhelm III.
war froh, seinen Schwiegervater außer Landes zu wissen, zumal
sich die Flucht als Abdankung darstellen ließ, so daß man den
bevorstehenden Eingriff in die Thronfolge kaschieren konnte.
Er gab Jakob II. daher eine zweite Chance zu entkommen. Der
Niederländer griff jetzt zusammen mit seiner Frau selbst nach
der Krone, u. a. mit der Begründung, daß der soeben geborene
vorgebliche Sohn Jakobs II. gar nicht dessen Kind oder zumindest nicht das seiner Frau, sondern Maria von Modena untergeschoben worden sei. Dies war mir Sicherheit eine Notlüge, um
die eigentlich königstreuen Tories mit der Tatsache zu versöh-
nen, daß die 1679 geplante und damals von ihnen energisch bekämpfte Exclusion Bill nun faktisch doch noch Recht werden
sollte.

All dies hätte Wilhelm III. wohl nicht gewagt, wenn Jakob II.
den Mut gehabt hätte, in England zu bleiben. Für sein Leben
hätte er kaum fürchten müssen. Durch seine Flucht erleichterte
er die (in England) unblutige Revolution von 1688 jedoch. Damit endete die Herrschaft der legitimen Hauptlinie des Hauses
Stuart in England im Dezember 1688 nach 85 Jahren, auch
wenn dies so noch nicht vorhersehbar war, denn eine zweite Restauration – wie einst 1660 – blieb zumindest zunächst durchaus denkbar.

IV. Ausklang:
Die Stuarts von 1688 bis 1807

Der Übergang zur Thronfolge des Hauses Hannover bis 1714

Mit seiner Flucht nach Frankreich hatte Jakob II. seinem Schwiegersohn in England freie Hand gelassen. Wilhelm III. war freilich nicht nur mit einer Stuart verheiratet, sondern auch – über seine Mutter Maria (1631–1660) – ein Enkel Karls I. Bis zu einem gewissen Grade gehörte er selber also zu der Dynastie, deren Oberhaupt er gestürzt hatte. Dennoch war seine Position nicht einfach. In dem Parlament, das jetzt neu gewählt wurde, hatten die Whigs, die Jakob II. von jeher als König abgelehnt hatten, zwar im Unterhaus eine Mehrheit, aber das Oberhaus wurde von den Tories dominiert. Einige der Tory Lords hatten zwar die Invasion Wilhelms III. selber unterstützt, aber nur, um Druck auf Jakob II. auszuüben, nicht um ihn zu stürzen. Ihnen wäre es am liebsten gewesen, wenn Maria, die Tochter Jakobs, in Abwesenheit des rechtmäßigen Königs nur zur Regentin ernannt worden wäre; allenfalls war man bereit, ihre Einsetzung als Königin hinzunehmen, aber nicht die ihres Mannes, dem nach ihrem Tode nur die Position eines Reichsverwesers zugefallen wäre. Aber auf solche Experimente ließ sich Wilhelm nicht ein. Er bestand darauf, zusammen mit Maria gekrönt zu werden, so daß er auch, sollte sie vor ihm sterben, das Recht behielt, als König zu herrschen. Am Ende gab das Oberhaus nach. Allerdings hatte sich Wilhelm, um dieses Ziel zu erreichen, stark auf seine Allianz mit den Whigs stützen müssen. Im Gegenzug bestanden die Whigs darauf, die Mitspracherechte des Parlamentes und die Freiheiten der Untertanen in der Bill of Rights (1689) festzuschreiben. Über längere Jahre ohne Parlament zu regieren, wie dies Karl II. und Jakob II. noch getan hatten, war nun faktisch unmöglich geworden, dafür war jetzt auch die Abhängigkeit der Krone von den parlamentarisch bewilligten Abgaben und Steuern zu groß.

Wilhelm III. hatte allerdings in den Niederlanden gelernt, wie man mit ständischen Körperschaften als Herrscher umzugehen hatte und wie man sie gegebenenfalls auch manipulieren und lenken konnte. Ein schwacher Herrscher war er sicherlich nicht. Seine wirkliche Lebensaufgabe sah er ohnehin im Kampf gegen Frankreich, nicht in der Neuordnung seiner britischen Besitzungen. Schon vor 1688 war er der konsequenteste Gegner des Sonnenkönigs gewesen. Er sah seinen Widerstand gegen die übermächtige und aggressive katholische Großmacht geradezu als eine Aufgabe an, die ihm die göttliche Vorsehung übertragen hatte. Dafür mobilisierte er alle Kräfte. Daß er Opponenten brutal auszuschalten vermochte, hatte er schon in den Niederlanden gezeigt, wo seine Anhänger den holländischen Politiker Johan de Witt, einen Gegner des Hauses Oranien, 1672 gelyncht hatten. In seinen neuen Königreichen verfuhr Wilhelm nicht sehr viel anders. Ein katholischer Aufstand in Irland wurde energisch niedergeschlagen und ähnlich radikal verfuhr der Oranier mit den Jakobiten (denjenigen, die Jakob II. weiter als legitimen Herrscher betrachteten) in Schottland. Namentlich in den Highlands besaß der alte König weiterhin viele Anhänger und anfangs, in den Jahren 1689 und 1690, hatte es hier Aufstände gegen den neuen Herrscher gegeben. Besonders groß war der Widerstand unter Mitgliedern des Clans MacDonald gewesen. Im Februar 1692 quartierten sich Soldaten eines königlichen Regiments bei den MacDonalds von Glencoe ein. Sie erhielten von der Regierung den Befehl, ihre Gastgeber während der Nacht sämtlich umzubringen, und führten diesen Befehl auch aus; nur einige wenige Soldaten und Offiziere verweigerten den Gehorsam. An die 40 Männer starben und zahlreiche Frauen und Kinder kamen ebenfalls um, da man ihre Häuser niedergebrannt hatte und sie schutzlos der Kälte ausgesetzt waren. Die entscheidenden Befehle, die zu diesem Mord, dem Massaker von Glencoe, geführt hatten, hatte der König mitunterzeichnet, und er unterband auch jegliche wirksame Strafverfolgung der Verantwortlichen.

Das Sendungsbewußtsein, das Wilhelm III. ohne Zweifel besaß, hatte also recht ambivalente Züge, zumal der neue Herrscher auf Grund der Revolution von 1688 Zeit seines Lebens
mit einem gewissen Legitimitätsdefizit zu kämpfen hatte. Vor
allem unter den Geistlichen der anglikanischen Kirche gab es
eine einflußreiche Minderheit, die die Revolution von 1688 als
illegitim ansah. Einige von ihnen, insgesamt wohl etwa 400, angeführt von Erzbischof Sancroft von Canterbury und weiteren
Bischöfen (darunter die Mehrzahl derjenigen, die 1687/88 offen
gegen die Toleranzpolitik Jakobs II. protestiert hatten, also der
sogenannten Sieben Bischöfe) lehnen es sogar ab, einen Treueid
auf den neuen Herrscher und die Königin Maria abzulegen, und
verloren daher ihre Pfarreien und Pfründen. Sie bildeten fortan
eine Art jakobitischer Untergrundkirche, die aber durchaus
auch auf Sympathisanten in der Staatskirche zählen konnte.
Am Ende ging es nicht nur um die Zulässigkeit eines aktiven
Widerstandes gegen einen Herrscher, sondern auch um das Verhältnis von Staat und Kirche und das Selbstverständnis der
Church of England. Die Non-Jurors lehnten die partielle Öff-
nung der etablierten Kirche gegenüber den nichtanglikanischen
Protestanten ebenso ab, wie die Unterordnung der Kirche unter
einen weltlichen Staat. Bis in die 1720er Jahre stellten sie eine
wichtige kirchliche Oppositionsbewegung dar, danach ging ihr
Einfluß allerdings zurück.

Gerade weil die Herrschaft Wilhelms III. und Marias umstritten war, bemühten sich der König und die Königin um eine
Selbstdarstellung, die zumindest die militanten Protestanten unter ihren Untertanen überzeugte. Ihre Hofprediger betonten immer wieder die Tugendhaftigkeit des neuen Monarchen und
noch mehr die der Königin, die in der Tat in der Rolle der from-
men, sittenstrengen und durch und durch protestantischen
Herrscherin bis zu ihrem Tode 1694 ganz und gar aufging. Aber
Wilhelm III. versuchte auch an die Epoche Karls I. anzuknüp-
fen, als der Hof noch nicht so sittenlos gewesen war wie nach
1660. Die Hofhaltung war deutlich aufwendiger als unter dem
eher sparsamen Jakob II., und Hampton Court westlich von
London wurde unter Wilhelm zu einem Palast ausgebaut, der

sich durchaus mit Versailles messen konnte. Allerdings ging
Wilhelm III. seinen englischen Untertanen persönlich eher aus
dem Wege, und seine engsten Berater waren oft Niederländer.
Seine Abneigung gegen das schmutzige London, in dem schon
damals Tausende von Kaminen und Öfen dafür sorgten, daß
man kaum atmen konnte, veranlaßte ihn überdies dazu, sich
aus dem zentral gelegenen Palast von Whitehall, der 1698 ohnehin niederbrannte, zunehmend nach Kensington und Hampton
Court zurückzuziehen.

Überdies war das Paar kinderlos geblieben, und um so nachhal-
tiger stellte sich die Frage nach der Erbfolge. Diese Frage wurde
1701 im Act of Settlement geregelt, der noch heute gilt. Wie schon
1689 wurde festgelegt, daß Prinzessin Anna, die jüngere Schwester der verstorbenen Königin Maria, die Nachfolge Wilhelms
antreten sollte. Da jedoch Annas einzig überlebender Sohn, der
Herzog von Gloucester, im Jahre 1700 gestorben war, mußte
man einen weiteren protestantischen Thronanwärter finden,
denn alle Katholiken und Prätendenten, die mit einer Katholikin
verheiratet waren, wurde ausdrücklich von der Thronfolge ausgeschlossen. Am Ende blieb nur die Kurfürstin Sophia von Hannover, die eine Tochter Elisabeths von Böhmen (Elisabeth Stuarts) und damit eine Enkeltochter Jakobs I. war. Sophia war 1630
im niederländischen Exil ihrer Eltern geboren worden und hatte
1658 den Herzog Ernst-August von Braunschweig-Lüneburg geheiratet. Zunächst residierte sie mit ihrem Mann in Osnabrück,
das Ernst-August nach 1662 als protestantischer Fürstbischof
regierte, siedelte dann aber 1679 nach Hannover über, das 1692
in den Rang eines Kurfürstentums erhoben wurde.

Sie starb 1714 und über sie ging der Anspruch auf die englische Krone auf das deutsche Haus Hannover, eine Linie des
mittelalterlichen Geschlechtes der Welfen über. Der Act of Settlement nahm überdies eine Reihe anderer verfassungsrechtlicher
Neuregelungen vor, die den Monarchen noch stärker als vorher
vom Parlament abhängig machten. Faktisch wurde England
1701 zu einer Erbmonarchie auf jederzeitigen Widerruf; der
König verdankte seine Krone nun in erster Linie dem Parlament, nicht der Gnade Gottes.

Als Wilhelm III. Anfang 1702 starb, fiel die Krone allerdings noch ein letztes Mal an ein Mitglied der Familie Stuart. Königin Anna (geb. 1665) war eine Tochter Jakobs II. aus erster Ehe und eine jüngere Schwester der 1694 verstorbenen Königin Maria. Anders als ihr Vater hatte sie stets unbeugsam an ihren protestantischen Überzeugungen festgehalten. Seit 1683 war sie verheiratet mit dem dänischen Prinzen Georg (er starb 1708), dem jüngeren Bruder des dänischen Königs. Ihrem Mann intellektuell klar überlegen, definierte sie sich zunächst dennoch stark über ihre Rolle als Ehefrau und Mutter, doch die meisten ihrer Kinder starben schon im Kindbett oder in sehr jungen Jahren. Der einzig überlebende Sohn, der Herzog von Gloucester, erlag schließlich 1700 im Alter von 11 Jahren einer Erkrankung. Es waren auch die eigenen Fehlgeburten, die Anna mit Mißgunst auf ihre Stiefmutter Maria von Modena blicken ließen, als diese doch noch in fortgeschrittenem Alter 1688 einen Erben gebar. Anna hatte zu denjenigen gehört, die behaupteten, das Kind sei der Königin untergeschoben worden, und hatte daher auch die Glorious Revolution ohne Einschränkung unterstützt. Als sie nun im Alter von 37 Jahren den Thron bestieg, war sie allerdings schon keine gesunde Frau mehr; die ständigen Fehlgeburten und eine rheumatische Erkrankung hatten sie geschwächt, und sie konnte nur mit Mühe gehen. Als erste Monarchin sah sie sich viel stärker als Wilhelm III. mit der Notwendigkeit konfrontiert, sich mit den unterschiedlichen politischen Richtungen und Faktionen im Parlament zu arrangieren; da sie darauf angewiesen war, eine Mehrheit für ihre Politik zu finden, war sie genötigt, von Zeit zu Zeit auch Politiker zu Ministern zu ernennen, die ihr eigentlich nicht genehm waren. Andererseits war das Gleichgewicht zwischen Whigs und Tories labil, am Ende war es dann doch oft die Königin, die politisch den Ausschlag gab, und ihre Ungnade konnte eine politische Karriere durchaus beenden. In der Art, wie sie die monarchische Autorität nutzte, um den Einfluß der Krone trotz der wachsenden Abhängigkeit vom Parlament zu wahren, wurde sie zum Vorbild für spätere Monarchen des 18. Jahrhunderts, wie etwa Georg III. (1760–1820). Erst in der viktorianischen Zeit sollte die Rolle der Krone zunehmend ornamental werden.

Anna war schon vor 1688 eng mit Sarah Churchill, der Gattin von John Churchill, der später zum Herzog von Marlborough aufsteigen sollte, eng befreundet. Erst gegen Ende ihrer Regierungszeit zerbrach diese Freundschaft, und der Einfluß, den Sarah am Hof ausgeübt hatte, ging auf eine andere Hofdame, Abigail Masham, über. Abigail sympathisierte mit den Jakobiten, und kirchenpolitisch besaß die Königin ohne Zweifel selber eine gewisse Sympathie für die Tories, die seit 1710 die Regierung dominierten. An der Thronfolge des Hauses Hannover hielt sie dennoch fest, zumal ein Zweifel an der Legitimität der Revolution von 1688 ihren eigenen Thronanspruch zunichte gemacht hätte. Sie sorgte aber unter anderem durch die Entlassung Marlboroughs als Oberbefehlshaber der englischen Truppen auf dem Kontinent Ende 1711 dafür, daß der Spanische Erbfolgekrieg (1701–1713/14) von britischer Seite 1713 durch einen Kompromißfrieden, den Frieden von Utrecht, beendet wurde. Ihre auch innenpolitisch insgesamt ausgleichende Politik war mit dafür verantwortlich, daß der Kurfürst von Hannover nach ihrem Tode 1714 ohne größere Probleme den englischen Thron besteigen konnte, obwohl es namentlich in Schottland noch lange eine starke jakobitische Bewegung geben sollte, die die Herrschaft der Hannoveraner ablehnte.

Jakob II. und der Old Pretender im französischen und lothringischen Exil 1689–1717

Im Frieden von Utrecht sah sich Ludwig XIV. 1713 genötigt, seine Unterstützung für die Stuarts aufzugeben und die Revolution von 1688 und ihre Folgen endgültig anzuerkennen. Dies war für die Stuarts ein schwerer Schlag, denn was vor 1688 nur eine Option für sie gewesen war, die Allianz mit Frankreich, wurde für den exilierten König und seine Familie nun zur einzigen Möglichkeit, den Anspruch auf den englischen Thron aufrecht zu erhalten. Ludwig XIV. nahm Jakob II. Ende 1688 in der Tat großzügig in Frankreich auf. Das Bündnis mit den Stu

arts bot ihm eine willkommene Gelegenheit, um die Herrschaft
Wilhelms III. – seines gefährlichsten Gegners in ganz Europa –
in England, Schottland und Irland in Frage zu stellen. Jakob II.
selber neigte schon 1688 dazu, sich mit seinem Schicksal abzu-
finden, aber Ludwig XIV. drängte ihn dazu, sich seine Krone
zurückzuerobern. So landete Jakob im März 1689 in Irland, das
bis dahin von Wilhelm III. noch nicht unterworfen worden war
und dessen mehrheitlich katholische Bevölkerung die Herrschaft des Oraniers durchweg ablehnte. Allerdings zögerte Jakob, sich dort vollständig der Sache des Katholizismus zu ver-
schreiben. In Irland hätte dies auch geheißen, die Enteignungen
der 1650er Jahre ganz oder teilweise zu revidieren, was jedoch
nur auf Kosten der neuen protestantischen Landbesitzer zu ver-
wirklichen war. Eine solche Maßnahme, auf der Jakobs katholische Anhänger in Irland freilich bestanden, hätte ihn für alle
Protestanten in seinen drei Königreichen endgültig inakzeptabel
gemacht. In der Tat wandten sich die irischen Protestanten namentlich in Ulster, wo sie zumindest in den Städten und einigen
ländlichen Bezirken die Mehrheit der Bevölkerung stellten,
schon bald gegen Jakob II. Als Wilhelm III. im Juni 1690 mit
einem Heer, das aus englischen, niederländischen und dänischen
Truppen sowie aus exilierten Hugenotten bestand, in Irland
landete, konnte er sich daher auf die Unterstützung eines Teils
der irischen Bevölkerung verlassen. Militärisch erwies er sich
seinem Gegner rasch überlegen. Am 1. Juli 1690 schlug er das
Heer Jakobs II. nördlich von Dublin am Fluß Boyne vernichtend. Die Schlacht am Boyne sollte nicht nur das Schicksal der
irischen Katholiken besiegeln, die damit bis 1829 von allen
politischen Rechten endgültig ausgeschlossen wurden, sondern
auch das Schicksal des Königs. Jakob zog sich nach Frankreich
zurück, wo er fortan in St. Germain Hof hielt.

Der gestürzte König hatte schon vor dieser Niederlage in Irland den Verlust des Thrones als Strafe für seine Sünden, aber
auch als eine Chance gesehen, für seine eigenen Verfehlungen
und für die seines Volkes zu büßen, um damit sein Seelenheil zu
retten, wenn er schon seine Krone verlor. Hatte schon Eikon
Basilike, die Selbstrechtfertigung Karls I., ein Bild des König-

tums gezeigt, für das der Herrscher seine eigentliche Legitimation daraus gewann, daß er in der Nachfolge Christi und seines
Leidens stand, so richtete Jakob nun sein ganzes Leben auf eine
solche Vision hin aus. Es waren keineswegs nur Protestanten,
die seine demonstrative Frömmigkeit als exzessiv, ja als geradezu bigott empfanden. Daß seine Frömmigkeitsübungen allerdings nicht nur leere Gesten waren, machte der König mehr
als deutlich. Wiederholt besuchte er in La Trappe den Abt de
Rancé, der in diesem Kloster eine besonders strenge Kongrega-
tion der Zisterzienser begründet hatte, die ganz auf das Ziel der
Selbstmortifikation ausgerichtet war. In der Tat war die Lebens-
erwartung der Mönche in La Trappe, die hier mit Kälte und
Feuchtigkeit ebenso wie mit der schlechten Ernährung zu kämpfen hatten, denkbar gering. In dieser fanatisch asketischen
Frömmigkeit, die fast morbide Züge hatte, da sie ganz darauf
zielte, den Blick auf den eigenen Tod und ein christliches Sterben zu lenken, sah der gestürzte König sein eigentliches Vorbild.
Er ließ sich dabei aber auch von Geistlichen inspirieren, die am
Hof in Versailles kritisch gesehen wurden, wie insbesondere den
Jansenisten, einer Reformbewegung innerhalb der französischen Kirche, die eine Erneuerung der Kirche mit besonders rigorosen Vorstellungen verband.

Durch diesen extremen Katholizismus entfremdete sich Jakob seinen (ehemaligen) englischen Untertanen noch stärker, als
dies vor 1688 der Fall gewesen war. Politisch klug war seine
Haltung daher sicherlich nicht. Allerdings, auch dies muß man
einräumen, erschwerte es Jakob II. seinem Gastgeber, dem französischen König, durch seinen zur Schau getragenen katholischen Glauben ihn oder seinen Sohn fallen zu lassen. Ludwig XIV. hatte selber in späteren Lebensjahren seine Neigung
entdeckt, als frommer Herrscher in die Geschichte eingehen zu
wollen, obwohl ihm der religiöse Enthusiasmus Jakobs II. sicherlich gänzlich fremd war. Aber einen Monarchen, der bei
einfachen Gläubigen und Priestern in Frankreich schon vor seinem Tode fast als eine Art Heiliger galt, politischen Erwägungen zu opfern war nicht einfach. Ludwig sollte zwar in dem
Friedensvertrag, den er 1697 – nach dem Pfälzischen Erbfolge-

krieg – mit Wilhelm III. schloß, dessen Ansprüche auf den englischen Thron zunächst anerkennen, aber schon wenige Jahre
später, zu Beginn des Spanischen Erbfolgekrieges, kehrte er zu
seiner ursprünglichen Haltung zurück und bestritt der Revolution von 1688 ihre Rechtmäßigkeit. So war er auch bereit, Jakob II., als dieser 1701 auf dem Totenbett lag, zuzusichern, daß
er die Ansprüche seines Sohnes auf den englischen Thron anerkennen werde, und an dieses Versprechen hielt er sich, zumindest solange er Krieg gegen die Niederlande und England führte.

Jakob II. selbst starb am 5. September 1701 (alten Stils) an
einem Freitag (also am Todestag Christi) gegen drei Uhr nach-
mittags und wurde in der Kirche der englischen Benediktiner in
Paris beigesetzt. In den ersten Jahren nach seinem Tod gab es
Berichte, daß Gläubige, die ihn um seine Fürsprache bei Gott
gebeten hatten, auf wundersame Weise von Krankheiten geheilt
worden seien, und gestützt auf solche Vorfälle, betrieben seine
Witwe und seine Anhänger seine Heiligsprechung. Das Papsttum war anfangs des 18. Jahrhunderts jedoch in Fragen der Ka-
nonisation von politisch umstrittenen Figuren sehr viel vorsich-
tiger als heutzutage. Während der letzte österreichische Kaiser,
Karl I., der wie Jakob II. im Exil gestorben war (1922), 2004
vom Papst selig gesprochen wurde, wurde dem Stuart-König
eine solche himmlische Karriere verwehrt. 30 Jahre nach Jakobs
Tod wurde sein Grab in Paris nur noch von wenigen exilierten
Jakobiten besucht, und selbst sein (illegitimer) Sohn, der Herzog von Berwick, ein berühmter Feldherr und Marschall von
Frankreich, suchte die Grabstätte nur incognito auf, um sich
nicht allzu sehr mit einer Sache zu identifizieren, die als hoff-
nungslos galt.

Im Jahr 1701 hatte Ludwig XIV. Jakobs Sohn James Francis
Edward Stuart freilich noch umgehend als rechtmäßigen englischen König anerkannt. Der Old Pretender, wie er genannt
werden sollte, war in seiner Jugend vor allem von schottischen
Katholiken umgeben. Seine Eltern achteten darauf, daß er eine
Erziehung erhielt, die ganz auf die Treue zur katholischen Kirche ausgerichtet war, und in der Tat blieb der Old Pretender
zeit seines Lebens ein überzeugter Katholik. Er verspielte damit

jede Chance auf Wiederherstellung der Herrschaft der Hauptlinie der Stuarts in England, denn die Voraussetzung dafür wäre
eine Konversion zum Protestantismus gewesen.

1708 versuchten die Franzosen einen Aufstand in Schottland
auszulösen. Ein Expeditionskorps, geführt von James, sollte in
Schottland landen, doch das Unternehmen mußte abgebrochen
werden, da die britische Regierung rechtzeitig Abwehrmaßnah-
men getroffen hatte. James mußte sich damit begnügen, in der
französischen Armee in Flandern gegen niederländische und
englische Truppen zu kämpfen; auch das ein Umstand, der ihn
in England kaum populärer machten konnte. Unter den Ministern Königin Annas, der Halbschwester des exilierten Thronprätendenten, gab es nach 1710, als die Tories die Regierung
dominierten, allerdings nicht wenige, die dazu bereit waren, die
Voraussetzungen für eine Übertragung der Krone an die exilierten Stuarts nach ihrem Tode zu schaffen. Tory-Politiker, wie insbesondere Henry St. John, Viscount Bolingbroke, der das Amt
eines Staatssekretärs inne hatte, nahmen zwischen 1710 und
1714 wiederholt heimlich Kontakt mit dem Exilhof der Stuarts
auf. Indes, auch sie verlangten von James in der Regel offen
oder versteckt den Übertritt zum Protestantismus. Dazu war er
nicht bereit. Er blieb aber davon überzeugt, daß sein Glaube der
einzig wahre war, und erwartete von den Engländern und
Schotten, daß sie, wenn sie schon nicht die Verfehltheit ihrer
eigenen religiösen Überzeugungen einsahen, doch zumindest für
die religiösen Ideale ihres legitimen Herrschers Verständnis auf-
brachten.

Während England und Ludwig XIV. in Utrecht 1712–13 über
einen Frieden verhandelten, sah James sich allerdings genötigt,
Frankreich zu verlassen. England hatte als Vorbedingung für
einen Frieden verlangt, daß der französische König seine Unterstützung für die Stuarts aufgab. James fand in Lothringen einstweilen 1713 eine neue Zuflucht. Von hier aus plante er einen
Schlag gegen das Haus Hannover, dem durch den Act of Settlement von 1701 die Thronfolge zugefallen war. Georg I. hatte im
August 1714 den britischen Thron bestiegen, ohne daß er in
England auf offenen Widerstand gestoßen war. In Schottland

waren die Vorbehalte gegen die Hannoveraner allerdings groß. Das Land war durch den Act of Union 1707 mit England vereint worden und hatte sein eigenes Parlament verloren; in der Union mit England war es nicht mehr als ein schwacher Juniorpartner, zudem hatte die Revolution von 1688 Schottland viel tiefer gespalten als England. Die Dominanz der presbyterianischen Kirche und die Verdrängung der Episcopalians, der Anhänger einer Bischofskirche und einer kirchlichen Tradition, die in etwa der des Anglikanismus entsprach, in den Untergrund, hatte zu schwerwiegenden Verwerfungen geführt. Namentlich in konfessionell eher konservativen Regionen, wie im Nordosten und in weiten Teilen der Highlands, gab es ein Potential für einen Aufstand. Ein solcher Aufstand, geführt vom Earl of Mar, brach auch in der Tat 1715 aus, und James entschied, sich an die Spitze dieser Bewegung zu setzen. Ende Dezember 1715 landete er in Schottland, nachdem er incognito von Lothringen an die französische Kanalküste gereist war. Allerdings mußte er schon bald feststellen, daß die schottischen Jakobiten den überlegenen englischen Truppen wenig entgegenzusetzen hatten. Überdies besaß er wenig Talent, einfache Highlander zu großen Taten zu inspirieren; als Führer eines Volksaufstandes war er, der ganz durch die höfische Welt von St. Germain und ihren kompromißlosen Katholizismus geprägt war, eine Fehlbesetzung. Schon wenige Monate später verließ er die Heimat seiner Vorfahren wieder, begleitet von wenigen Anhängern; die Mehrzahl der Führer der Aufständischen, die er nicht in seine Pläne eingeweiht hatte, überließ er ihrem Schicksal. Seine Popularität in Schottland, die noch 1715 groß gewesen war, sank damit drastisch, und sein Ansehen bei den schottischen Jakobiten ließ sich auch später nicht wiederherstellen.

Das Ende einer Dynastie

Zurück auf dem Kontinent mußte er feststellen, daß weder Frankreich noch Lothringen bereit waren, ihn aufzunehmen, zumal Frankreich mittlerweile einen dauerhaften Interessenausgleich mit Großbritannien und den Niederlanden anstrebte. Mit einer Zwischenstation im päpstlichen Avignon floh James 1717 nach Italien, zunächst nach Urbino, dann ein Jahr später nach Rom, wo der Papst ihm eine Pension gewährte und ihm überdies einen Stadtpalast, den Palazzo Muti, und eine repräsentative Villa, also ein kleines Schloß, auf dem Lande zur Verfügung stellte. Allerdings, während die Stuarts zwischen 1688 und 1715 in der europäischen Politik durchaus noch eine Rolle gespielt hatten, da die Wiederherstellung der traditionellen Thronfolgeordnung in England keineswegs unwahrscheinlich zu sein schien, wurden sie nun eher marginalisiert. Für viele englische und schottische Tories blieben sie zwar ein Symbol einer besseren Zeit, in der eine christliche Monarchie von Gottes Gnaden über eine patriarchalisch geordnete Gesellschaft geherrscht hatte und die Vertreter des radikalen Protestantismus und anderer heterodoxer Bewegungen von der Macht weitgehend ausgeschlossen gewesen waren, aber namentlich in England waren nur die allerwenigsten bereit, diese Sehnsucht nach einer besseren Welt auch zur Grundlage politischer Taten zu machen.

Robert Walpole, ein Führer der Whigs, der unter Georg I. zum nahezu allmächtigen Premierminister aufstieg, sorgte überdies in den frühen 1720er Jahre dafür, daß die Netzwerke jakobitischer Verschwörer, die es in England immer noch gab, zerschlagen wurden. Die gemäßigten Tories hingegen gewann er über Zugeständnisse in der Kirchenpolitik und durch eine Absenkung der Steuern auf Landbesitz für seine Politik oder dämpfte doch zumindest ihren Widerstand. Auch danach gab es noch Familien des Hochadels und der Gentry sowie (namentlich an Orten wie im eher konservativen Oxford) Kleriker und Gelehrte, deren eigentliche Loyalität den Stuarts respektive dem «King over the water» galt, aber, soweit sie politischen Einfluß besaßen, war er doch viel zu schwach, um die Herrschaft des Hauses Hannover in England offen in Frage zu stellen.

James hatte mittlerweile (1719) eine polnische Prinzessin, Maria Clementina Sobieska, geheiratet, die die Enkelin des polnischen Königs Johann Sobieski, der 1683 Wien vor den Türken gerettet hatte, und die Tochter Hedwig Elisabeths von Pfalz-Neuburg war. Der Vater der Braut, der Sohn von Johann Sobieski, war ein immens reicher polnischer Magnat, so daß die finanzielle Situation der Stuarts sich dank einer großzügigen Mitgift deutlich verbesserte. Die Ehe war allerdings nicht übermäßig harmonisch. Maria Clementina opponierte vor allem dagegen, daß ihr Mann an seinem kleinen Hof – der ja weitestgehend von der päpstlichen Kurie finanziert wurde – auch etliche Protestanten duldete und sogar einen Protestanten zum Erzieher seiner Kinder machen wollte. Da es der Prinzessin oder – aus jakobitischer Sicht – Königin gelang, den Papst auf ihre Seite zu bringen, befand sich James in einer ungünstigen Position, und er entschloß sich, Rom für eine gewisse Zeit zu verlassen, um in Bologna, das allerdings auch unter päpstlicher Herrschaft stand, zu residieren. Grundsätzlich hielt er allerdings daran fest, Protestanten an seinen Hof zu ziehen, und in seiner römischen Residenz hielten von Zeit zu Zeit zwei anglikanische Kaplane protestantische Gottesdienste ab, mitten in der Hauptstadt des Papsttums. Zwar hatte der Papst dies nie offiziell genehmigt, aber faktisch nahm die Kurie diese Dinge meist schweigend hin. Generell war der Einfluß katholischer Kleriker am Exilhof schon seit etwa 1718 recht gering geworden; die Jesuiten hatte der Old Pretender bereits 1712 aus seiner Umgebung verbannt, ganz offenbar ein Zugeständnis an die protestantischen Jakobiten in England und Schottland. James wollte damit unter Beweis stellen, daß die Stuarts trotz ihres Katholizismus bereit waren, den protestantischen Glauben ihrer potentiellen Untertanen in England und Schottland zu dulden. Mitten im Zentrum des sonst wenig toleranten katholischen Europa wurde der Hof der Stuarts damit zu einer kleinen Hochburg der Toleranz. Trotz dieser Distanzierung gegenüber einem allzu radikalen Katholizismus war der Pretender durchaus in der Lage, dank seines nominell königlichen Status auf die Politik der Kurie einen gewissen Einfluß zu nehmen, und konnte auch von Zeit zu Zeit einen Geistlichen für die Aufnahme in das Kardinalskollegium vorschlagen. Dies war ein auch finanziell wertvolles Privileg, das ihm Benedikt XIII. 1729 kurz vor seinem Tod gewährt hatte.

Während die Gunst der Päpste die Position der Stuarts in Rom stärkte, erwies sich die Ehe des Old Pretender mit Maria

Clementina als relativ kurzlebig. Die polnische Gattin des Prätendenten starb 1735; sie hatte sich in einem Kloster mehr oder
weniger zu Tode gehungert. Der Old Pretender selber verfiel in
späteren Lebensjahren immer mehr der Melancholie und litt
unter verschiedenen Krankheiten; er starb am 1. Januar 1766 in
Rom und wurde in der Peterskirche beigesetzt. Immerhin war es
ihm gelungen, die Stellung seiner Familie in Rom in den 1740er
Jahren noch einmal auszubauen. Sein jüngerer Sohn Henry Benedict, der den Titel eines Herzogs von York trug, wurde vom
Papst 1747 zum Kardinal ernannt. Dies verminderte zwar die
ohnehin geringen Chancen einer Restauration der Stuart-Herr-
schaft in Großbritannien noch weiter – ein katholischer Monarch, dessen Bruder Kardinal war, war als englischer Herrscher
in jedem Sinne des Wortes indiskutabel –, aber immerhin waren
damit die finanziellen Probleme der Stuarts in Rom weitgehend
gelöst, denn dem Kardinal von York gelang es durch den Erwerb zahlreicher Pfründen, vor allem in Frankreich, wo man
ihm wohlgesinnt war und wo auch zahlreiche jakobitische
Edelleute aus Irland und Schottland eine Zuflucht gefunden
hatten, ein bedeutendes Vermögen anzuhäufen, das es ihm auch
erlaubte, die Hofhaltung seines Vaters zu finanzieren.

Sein älterer Bruder, der 1720 geborene Prinz Charles Edward,
sah die kirchliche Karriere des Kardinals allerdings mit großer
Skepsis. Nachdem die Stuarts lange Zeit jede Hoffnung auf eine
Wiederherstellung ihrer Herrschaft hatten aufgeben müssen,
schien der Ausbruch eines Krieges zwischen Großbritannien
und Frankreich 1740 – des Österreichischen Erbfolgekrieges –
doch noch einmal eine Chance zu bieten. Obwohl die Zahl der
Anhänger der Stuarts mittlerweile selbst in Schottland deutlich
zurückgegangen war, blieb dort besonders in den Highlands die
Herrschaft des Hauses Hannover ebenso umstritten wie die
Union mit England. 1744 entschloß sich Charles Edward, der
sogenannte Young Pretender, diese Chance zu nutzen. Von Italien aus reiste er nach Frankreich und ließ sich von dort nach
Schottland einschiffen. Begleitet von nur sieben Anhängern
(darunter nur ein Engländer, die anderen waren Iren und Schotten), landete er im Juli 1745 im Westen Schottlands. Zunächst

war keiner bereit, sich ihm anzuschließen. Erst als Randal Mac-Donald, ein Führer eines Clans, der traditionell jakobitisch gesinnt war, zum bewaffneten Aufstand aufrief, erhoben sich zahlreiche Highland Clans. Überraschend schnell brach die militärische Position der Regierungstruppen in Schottland unter dem Ansturm der Highlander in sich zusammen. Schon am 17. September konnte der Young Pretender, der nun als «Bonnie Prince Charlie» gefeiert wurde und sich ganz anders als sein Vater als charismatischer Führer erwies, in Edinburgh einziehen. Da die meisten englischen Truppen auf dem Kontinent kämpften und das Land kaum über verteidigungsfähige Festungen verfügte, gelang der Armee der Jakobiten ein Vorstoß nach Süden, der sie im Dezember bis in die Midlands nach Derby führte. Faktisch wäre wohl sogar der Weg nach London frei gewesen, da dort nur 2000 Mann standen, aber da der erwartete Aufstand der englischen Jakobiten – faktisch mehr Anhänger eines luftigen Ideals und einer Sehnsucht nach der Vergangenheit als potentielle Revolutionäre – ausblieb, entschloß sich Charles Edward unter dem Druck der Highland Chiefs, die zwar Schottland von der englischen Herrschaft befreien, aber nicht England erobern wollten, zum Rückzug. Das gab der Gegenseite eine Chance, ihre Kräfte zu sammeln und Truppen vom Kontinent nach England zurückzuverlegen. Unter dem Oberbefehl des Herzogs von Cumberland, eines Sohnes Georgs II., stellten die Regierungstruppen die Rebellen schließlich bei Culloden im Nordosten Schottlands. Die Schlacht bei Culloden am 16. April 1746 beendete den jakobitischen Aufstand. Obwohl sie militärisch vielleicht nicht entscheidend war, gab Charles Edward den Kampf doch verloren, da er keinen Partisanenkrieg führen wollte. Nur mit Mühe konnte er selbst seinen Verfolgern, versteckt vor allem von Mitgliedern des Clans MacDonald, entkommen. Erst am 30. September brachte ihn ein französisches Schiff zurück nach Frankreich.

Der Young Pretender verwand die Niederlage nie. Schon vorher hatte er gezeigt, daß er einen eher instabilen Charakter besaß. Jetzt gab er sich zunehmend dem Alkohol und dem Leben eines Abenteurers hin. Unstet zog er von Ort zu Ort, lebte mal in Gent, dann wieder in Basel oder in Frankreich, wo er aber zunehmend weniger willkommen war. Immerhin hatten die zahlreichen jakobitischen Exulanten, die aus Schottland, aber auch aus den anderen Ländern der britischen Krone seit 1715 oder schon vorher geflohen waren, ein europaweites Netzwerk aufgebaut, das ihm eine gewisse Unterstützung hätte bieten können. Jakobiten fand man am russischen Hofe genauso wie in der Armee der Habsburgermonarchie, im preußischen Heer oder in den zahlreichen Freimaurerlogen des Kontinents, von den vielen jakobitischen Adelsfamilien in Frankreich ganz abgesehen.

Auf diese Netzwerke hätte Charles Edward selbst nach 1745 bis zu einem gewissen Grade zurückgreifen können, und ein Teil der neueren Forschung hat in der Tat argumentiert, daß der Jakobitismus bis etwa 1760 durchaus eine politische Kraft blieb, mit der man rechnen mußte. Allerdings zerstritt sich der Young Pretender mit seinem Vater – er sah ihn vor seinem Tode nicht wieder. Überdies entfernte er sich auch von den rigorosen katholischen Überzeugungen, die seine Dynastie seit 1685 ausgezeichnet hatten. Zeitweilig erwog er eine Heirat mit einer protestantischen Prinzessin, und unter den Kandidatinnen für eine Heirat befand sich auch eine Schwester Friedrichs des Großen. Etablierte Dynastien sahen in dem Exulanten, der eine unsichere Wanderexistenz in Gesellschaft von wechselnden Geliebten führte, jedoch keinen attraktiven Schwiegersohn. Als der Young Pretender 1772 mehrere Jahre nach dem Tod seines Vaters doch heiratete, war seine Braut eine deutsche Adlige aus einem zwar alten, aber wenig vermögenden Geschlecht, das normalerweise nicht als ebenbürtig hätte gelten können. Es handelte sich um Luise von Stolberg-Gedern, eine ehemalige Stiftsdame, die 32 Jahre jünger war als ihr Gemahl. Ihre Schwester Caroline hatte kurz zuvor einen spanischen Nachkommen Jakobs II., den Herzog von Berwick (er stammte von einem unehelichen Sohn des Königs ab), geheiratet.

Die Ehe mit dem alkoholabhängigen und offenbar gewalttätigen Prinzen war für Luise wenig erfreulich, und sie nahm sich schon wenige Jahre später einen Geliebten, den italienischen

Dichter Graf Alfieri. Charles Edward selber zog von Florenz, wo er mit Luise gelebt hatte, schließlich nach Rom, obwohl ihn selbst der Papst, anders als seinen Vater, nicht als rechtmäßigen König von England anerkannte. Dort starb er, ein Schatten seines früheren Selbst, 1788 und wurde in Frascati in der Kathedralkirche seines Bruders bestattet (erst später wurde der Leichnam nach Rom überführt). Seine Ehe mit Luise von Stolberg war kinderlos geblieben, eine Tochter aus einer unehelichen Verbindung mit Clementina Walkinshaw, einer katholischen Schottin, die ihm auf den Kontinent gefolgt war, namens Charlotte, hatte zwar ihrerseits Kinder, doch stammten auch diese nicht aus einer legitimen Ehe, sondern aus einer Liebesaffäre mit einem hohen französischen Prälaten.

Nach dem Tode seines Bruders ließ sich der Kardinal von York von den wenigen verbliebenen Jakobiten im privaten Kreise als Heinrich IX., König von England, Schottland und Irland anreden und unterschrieb auch sein Testament später mit diesem Titel, den er aber in der Öffentlichkeit nicht benutzte. Henry Benedict, der letzte männliche Stuart, starb 1807 in Frascati als Dekan des Kardinalskollegiums im Alter von 82 Jahren. Sein umfangreiches Vermögen hatte er durch die Französische Revolution und den Einfall der Franzosen in Italien weitgehend verloren, so daß er auf eine finanzielle Unterstützung des englischen Königshauses angewiesen war, die ihm auch gewährt wurde. Er wurde in der Peterskirche in Rom bestattet, wo Canova einige Jahre später in der Krypta ein Grabmal für die Stuarts schuf, das der regierende englische König bezahlte. Der Kardinal hatte seine Ansprüche auf den englischen Thron testamentarisch auf das mit den Stuarts in weiblicher Linie verwandte Haus Savoyen übertragen. Die Savoyer, die späteren Könige von Italien, waren klug genug, den britischen Thron nie für sich zu reklamieren; ihre Ansprüche gingen dann Anfang des 20. Jahrhunderts auf die bayerischen Wittelsbacher über, deren jetziges Oberhaupt, der allerdings kinderlose Herzog Franz von Bayern, eigentlich der jakobitische Prätendent auf den englischen Thron ist. Würde der Act of Settlement von 1701 aufgehoben – mit der Gleichberechtigung aller religiösen Gemeinschaften und Kirchen ist er ja schwer vereinbar – könnte theoretisch dieser Wittelsbacher den britischen Thron beanspruchen.

Trotz der entfernten Verwandtschaft mit den Wittelsbachern endete mit Henry Benedict die Dynastie der Stuarts. Allerdings überlebte die illegitime Linie, die durch den Sohn Jakobs II., der aus der Verbindung mit Arabella Churchill (1648–1730), seiner langjährigen Geliebten, hervorgegangen war, begründet worden war. Jakobs Sohn mit Arabella (einer Schwester des Feldherrn Marlborough), James Fitzjames (geb. 1670), wurde 1687 in den Rang eines Herzogs von Berwick erhoben. Er ging mit seinem Vater ins Exil, wo er in der französischen Armee diente und zum Marschall von Frankreich aufstieg. Auf Grund seiner Siege im Spanischen Erbfolgekrieg – errungen vor allem gegen englische Truppen – erhielt er von den spanischen Bourbonen Titel und Besitzungen, die auf seinen Sohn aus erster Ehe, der zugleich Herzog von Liria in Spanien war, übergingen, während die Nachkommen aus zweiter Ehe in Frankreich als Herzöge von Fitz-James lebten und ebenfalls eine bedeutende Adelsdynastie begründeten. Lirias Nachfahren erbten späten den ehrwürdigen Titel eines Herzogs von Alba, und es war ein Herzog von Alba und Berwick (Don Jacobo Fitz-James Stuart y Falco, gest. 1953), der während des Zweiten Weltkrieges Franco-Spanien als Botschafter in London vertrat. Damit kehrte ein katholischer Stuart doch in das Königreich, das seine Vorfahren beherrscht hatten, zurück, allerdings als Botschafter desjenigen Landes, das aus englischer Sicht im 16. und frühen 17. Jahrhundert den Katholizismus in seiner intolerantesten Form verkörpert hatte, und als Vertreter einer Regierung, die durchaus mit Nostalgie auf diese Epoche der spanischen Geschichte zurückblickte. Daß Fitz-James dann 1945 aus Protest zurücktrat, weil Franco die Monarchie zu seinen Lebzeiten nicht wieder einführte, paßte zum Charakter einer Dynastie, die sich im späten 17. Jahrhundert ebenso vollständig wie erfolglos der Idee einer katholischen Monarchie von Gottes Gnaden verschrieben hatte.